»Durch Wissen überwindet man die Zweifel, durch Güte die Trauer, durch Entschlossenheit die Furcht.« Wer hätte die kritischen Momente in der Psyche des Menschen besser analysieren und die Mittel zu ihrer Bewältigung prägnanter formulieren können als Konfuzius (551-479 v. Chr.), der große chinesische Weise. Tatsächlich überrascht immer wieder die Wirklichkeitsnähe und Lebensklugheit des brühmten *Lunyu*, der *Gespräche*. Unermüdlich arbeitet Konfuzius gegen heuchlerischen Idealismus, naive Vorstellungen von Wahrheit und jenseitige Träumereien zugunsten klar umrissener Bezeichnungen der Wirklichkeit. Dabei wendet er sich immer an den Menschen und dessen Bildbarkeit und Fähigkeit zur Harmonie und Kritik.

Der Eindruck der Unüberschaubarkeit unserer Welt weckt Gefühle von Ohnmacht, denen wir jedoch durch Wissen, Güte und Entschlossenheit entgegentreten können und müssen.

insel taschenbuch 2754
Konfuzius für Gestreßte

Konfuzius für Gestreßte

Ausgewählt von
Ursula Gräfe

Insel Verlag

Umschlagfoto: Angelika Dacqmine, Paris

insel taschenbuch 2754
Erste Auflage 2001
Originalausgabe

Hinweise zu dieser Ausgabe am Schluß des Bandes
Vertrieb durch den Suhrkamp Taschenbuch Verlag
Umschlag nach Entwürfen von Willy Fleckhaus
Satz: Hümmer GmbH, Waldbüttelbrunn
Druck: Druckhaus Nomos, Sinzheim
Printed in Germany
ISBN 978-3-458-34454-4

3 4 5 6 7 8 – 14 13 12 11 10 09

INHALT

Dsï Lu sprach: »Wenn der Meister drei Heere zu führen hätte, wen würde er dann mit sich nehmen?«

Der Meister sprach: »Wenn einer mit der bloßen Faust einem Tiger zu Leibe rückt, über den Fluß setzt ohne Boot und den Tod sucht ohne Besinnung: einen solchen würde ich nicht mit mir nehmen, sondern es müßte einer sein, der, wenn er eine Sache unternimmt, besorgt ist, der gerne überlegt und etwas zustande bringt.«

Buch VII · 10

VORWORT

Konfuzius ist wahrscheinlich der berühmteste Chinese der Welt. Diesen Platz könnte ihm allenfalls noch der Große Vorsitzende Mao streitig machen, beliebter ist jedoch ganz gewiß Kongzi – Meister Kong –, wie er in China genannt wird. Den latinisierten Namen Konfuzius gaben ihm im 17. Jahrhundert Jesuitenmissionare. Im Gegensatz zu seinem revolutionären Konkurrenten und entschiedenen Gegner Mao Zedong gilt Konfuzius geradezu als der Inbegriff und die Verkörperung fernöstlicher Weisheit und Traditionen. Wie stark die Vorstellungen von konfuzianischer Ethik in unsere deutsche Alltagskultur eingedrungen sind, beweist in einer beliebten Fernsehserie der Auftritt eines Vietnamesen namens Gung, der das deutsche Publikum beinahe allwöchentlich mit Aussprüchen des Konfuzius belehrt und damit schon fast die Frage nach den im Westen oft als überraschend empfundenen Erfolgen ostasiatischer Länder wie Japan, Vietnam, Korea, China usw. geklärt hat – zumindest für den Fernsehzuschauer. Bei soviel Weisheit und Disziplin, kein Wunder.

Doch damit berühren wir auch einen kritischen Punkt. Durch die überragende Popularität, die Konfuzius nicht nur in seiner Ursprungskultur, sondern auch im Westen genießt, haben sich Klischees eingebürgert, denen die Leser dieses kleinen Buches mit Hilfe der hochgeschätzten Übersetzungen von Richard Wilhelm nun auf die Spur kommen können.

Geboren ist Konfuzius im Staat Lu (im heutigen Shandong); als Geburtsjahr wird gemeinhin das Jahr 551 v. u. Z. angenommen. Es ist naheliegend, daß – wie bei derart weit zurückliegenden Biographien üblich – die meisten der Daten umstritten sind. So soll Kongzi aus der illegitimen Verbindung eines älteren Mannes mit einem jungen Mädchen stammen und vaterlos aufgewachsen sein. Wahrscheinlich war seine Familie nicht wohlhabend, denn im Buch IX, 6 erzählt er von sich: »Ich hatte eine harte Jugend durchzumachen«, und so kann man es auch im letzten Abschnitt unseres kleinen Bandes nachlesen, in dem Aussagen über den Meister gesammelt sind. So war es sein Glück, daß er in einer Zeit des Umbruchs lebte, in der nicht mehr allein die Herkunft für die beruflichen Aussichten eines Menschen den Ausschlag gab. Er selbst betont in seiner Lehre immer wieder – wie im Abschnitt *Lernen und Denken* – die Macht der Bildung. Konfuzius wirkt vor allem als Pädagoge; er unterrichtet die Söhne Adliger, die nach einem Amt bei Hofe strebten. Das pädagogische Ideal und Ziel des Konfuzius ist die Heranbildung eines »Edlen« (dem hier ebenfalls ein Abschnitt gewidmet ist). Im Vordergrund einer solchen Erziehung stehen weniger sachliche Inhalte als die ethische und moralische Vervollkommnung des Schülers, wie der Begriff des »Edlen« es bereits nahelegt. Was jedoch nicht bedeutet, daß politische Belange für Konfuzius keine Rolle gespielt hätten, wobei ihn aber auf diesem Gebiet auch die Bewährung des Edlen im öffentlichen Leben am meisten interessierte. Weitere wichtige Themen sind die zwischenmenschlichen Beziehungen in Familie und Freundschaft, die Bedeutung von Worten und Begriffen sowie die Rolle des Formalen in der Gesellschaft.

Besonders überraschend und beeindruckend an diesen uralten Texten sind ihre Wirklichkeitsnähe und Lebensklugheit. Unermüdlich arbeitet der Meister gegen heuchlerischen Idealismus, naive Vorstellungen von Wahrheit und jenseitige Träumereien zugunsten klar umrissener Bezeichnungen der Realität. Dabei wendet er sich letztendlich immer an den Menschen, dessen Bildbarkeit, Fähigkeit zur Harmonie und Kritik im Zentrum der konfuzianischen Lehre stehen. Konfuzius sieht den Menschen als gefordert, mit den Umständen seines Daseins unter Aufbietung seiner eigenen durch Kultur erworbenen Kraft in Harmonie zu gelangen. Ein Hindernis bei der Lektüre der vorliegenden, nicht für unser modernes Gemüt aufbereiteten Lebensregeln mag der Umstand sein, daß einige dieser Vorgaben uns heute in Frage stellen – wie zum Beispiel die geforderte (fast) bedingungslose Ehrfurcht vor den Eltern – die »Kindesliebe« – sowie der Gehorsam gegenüber dem Fürsten oder die starke Betonung formeller und ritueller Verhaltensweisen. So gehört der immer wieder auftauchende Begriff der »Sittlichkeit« (chinesisch *li*) eigentlich nicht zu unserem alltäglichen Vokabular. *Li* wird in der übersetzten Literatur häufig auch mit »Riten« wiedergegeben und bezeichnet mit der (konfuzianischen) Moral übereinstimmende Regeln, die die gesellschaftliche Wirklichkeit ordnen. In diesem

Zusammenhang sollten wir nicht vergessen, daß Äußerungen, die vor 2500 Jahren in einer Kultur auf der anderen Seite des Erdballs entstanden sind, durchaus Anspruch auf ein gewisses Maß an »Hineindenken« und Einfühlsamkeit erheben dürfen. Mit gelegentlichem »Stutzen« muß also gerechnet werden.

Den Lebensweg des Konfuzius illustrieren zahlreiche Legenden und Vermutungen: er soll als Schreiber und Bibliothekar tätig gewesen sein; auch eine Begegnung mit Laozi, dem Begründer des Daoismus, wird überliefert; spätere Kommentare lassen ihn Polizeichef und Kanzler werden. Auch ausgedehnte Reisen und Wanderschaft durch China werden ihm zugeschrieben, auf denen er mit seinen Jüngern gefahrvolle Abenteuer bestanden haben und einmal sogar beinahe verhungert sein soll. Schließlich entspricht sein Bild dem eines verkannten Edlen, dessen geistige Macht sich vor allem in seiner Lehre manifestiert. Nach langer Wanderschaft soll er in seine Heimat Lu zurückgekehrt sein, dort noch zehn Jahre gewirkt haben und 479 v. u. Z. gestorben sein.

Die für die vorliegende kleine Sammlung hauptsächlich verwendete Quelle sind die von Richard Wilhelm übertragenen Gespräche, das *Lunyu*. Einige Zitate stammen auch aus den ebenfalls von Wilhelm übersetzten Schulgesprächen *Jiayu*. Der Sinologe Richard Wilhelm (1873-1930), Gründer und Professor des China-Instituts in Frankfurt am Main, wirkte von 1899 bis 1921 als Missionar in Qingdao. Seine Übersetzungen der Schriften des Konfuzius gelten immer noch als authentisch und genau, gerade weil der christliche Missionar Wilhelm sich nicht scheute, seine eigenen umfassenden Kenntnisse durch die Beratung konfuzianischer Gelehrter zu unterstützen und zu ergänzen.

Die vorgenommene Gliederung in Themen ist nicht erschöpfend und erhebt keinen Anspruch auf eine Gültigkeit. Sie dient lediglich dazu, den Lesern einige Schwerpunkte des konfuzianischen Denkens aufzuzeigen und damit die Lektüre »streßfrei« zu gestalten. Und vielleicht »entsteht im Lesenden manchmal für Augenblicke die seltsam aufleuchtende Vorstellung der Möglichkeit einer Synthese beider Welten«, wie sie Hermann Hesse bei seiner Lektüre der Gespräche erlebte.

Menschenkenntnis

Maß und Mitte sind der Höhepunkt menschlicher Naturanlage.

Buch VI · 27

PSYCHOLOGIE DER VERFEHLUNGEN

Die Überschreitungen eines jeden Menschen entsprechen seiner Wesensart. Dadurch daß man seine Überschreitungen sieht, kann man einen Menschen erkennen.

Buch IV · 7

WORAUF MAN SEHEN MUSS

Sieh, was einer wirkt, schau, wovon er bestimmt wird, forsche, wo er Befriedigung findet: wie kann ein Mensch da entwischen?

Buch II · 10

NACHTEIL DER SELBSTSUCHT

Wer bei seinen Handlungen immer auf Vorteil aus ist, zieht sich viel Groll zu.

Buch IV · 12

BESTRAFTE EITELKEIT

Dsï Gung fragte und sprach: »Und wem bin ich gleich?« Der Meister sprach: »Du? Du bist ein Gerät.« Er sprach: »Was für ein Gerät?« Der Meister sprach: »Eine geschliffene Opferschale.«

Dsï Gung wollte die Gelegenheit wieder benutzen, um auch ein Lob für sich zu ernten, und fragte, welche Stufe er erreicht habe. Der Meister erwiderte ihm lächelnd: »Du bist noch nicht soweit, um als selbständige Persönlichkeit in Betracht zu kommen, du kannst nur etwas leisten, wenn du von anderen verwandt wirst.« »Und wozu kann ich verwandt werden?« fragte der Schüler. »Zu großen Feierlichkeiten und Opferfesten; denn an guten Formen fehlt es dir nicht«, antwortete begütigend der Meister.

Buch V · 3

IDEAL UND WIRKLICHKEIT

Dsï Gung sprach: »Was ich nicht mag, daß die Leute mir zufügen, das mag ich ihnen nicht zufügen.« Der Meister sprach: »Mein Sï, diese Stufe hast du noch nicht erreicht.«

Buch V · 11

Selbst der stärkste Mann in diesem Land kann sich nicht selbst in die Höhe heben.

Kapitel 22, 3

SEGEN DER BESCHRÄNKUNG

Die durch Beschränkung verloren haben, sind selten.

Buch IV · 23

SELBSTANKLAGE IST SELTEN

Der Meister sprach: »Es ist alles aus! Ich habe noch keinen gesehen, der seine eigenen Fehler sehen und innerlich sich selbst verklagen könnte.«

Buch V · 26

HIMMLISCHE UND IRDISCHE LIEBE

Ich habe noch keinen gesehen, der moralischen Wert ebenso liebt, wie er die Frauenschönheit liebt.

Buch IX · 17

BLÜTEN UND FRÜCHTE

Daß manches keimt, das nicht zum Blühen kommt, ach, das kommt vor! Daß manches blüht, das nicht zum Reifen kommt, ach, das kommt vor!

Buch IX · 21

DIE MACHT DES KLEINSTEN

Einem Heer von drei Armeen kann man seinen Führer nehmen; dem geringsten Mann aus dem Volk kann man nicht seinen Willen nehmen.

Buch IX · 25

DIE PERSON DES HERRSCHENDEN

Wer selbst recht ist, braucht nicht zu befehlen: und es geht. Wer selbst nicht recht ist, der mag befehlen: doch wird nicht gehorcht.

Buch XIII · 6

WÜRDIGES ERTRAGEN DER ARMUT

Arm sein, ohne zu murren, ist schwer. Reich sein, ohne hochmütig zu werden, ist leicht.

Buch IVX · 11

VERMEIDUNG VON GROLL

Wenn man selbst lieber zu viel tut und wenig von anderen erwartet, so bleibt man fern vom Groll.

Buch XV · 14

DER EDLE · IV: ANSPRÜCHE

Der Edle stellt Anforderungen an sich selbst, der Gemeine stellt Anforderungen an die andern Menschen.

Buch XV · 20

DER PARTEIEN GUNST UND HASS

Wo alle hassen, da muß man prüfen; wo alle lieben, da muß man prüfen.

Buch XV · 27

PRINZIPIELLE ÜBEREINSTIMMUNG ALS GRUNDLAGE FÜR GEMEINSAME ARBEIT

Wenn man in den Grundsätzen nicht übereinstimmt, kann man einander keine Ratschläge geben.

Buch XV · 39

DER MEISTER IN WE UND TSCHEN

Der Edle bleibt fest in der Not: Wenn der Gemeine in Not kommt, wird er trotzig.

Buch XV · 1

VERKEHR MIT MENSCHEN

Yen Ping Dschung versteht es, mit Menschen umzugehen. Auch nach jahrelangem Verkehr genießt er noch die Hochachtung der Leute.

Buch V · 16

DREIERLEI VORSICHT

Der Edle hüte sich vor dreierlei. In der Jugend, wenn die Lebenskräfte noch nicht gefestigt sind, hüte er sich vor der Sinnlichkeit. Wenn er das Mannesalter erreicht, wo die Lebenskräfte in voller Stärke sind, hüte er sich vor der Streitsucht. Wenn er das Greisenalter erreicht, hüte er sich vor dem Geiz.

Buch XVI · 7

NATUR UND KULTUR

Von Natur aus stehen die Menschen einander nahe, durch Übung entfernen sie sich voneinander.

Buch XVII · 2

UNVERÄNDERLICHKEIT DES WESENS

Nur die höchststehenden Weisen und die tiefststehenden Narren sind unveränderlich.

Buch XVII · 3

WIDER DIE HEUCHLER

Jene ehrbaren Leute im Lande sind Räuber der Tugend.

Buch XVII · 13

WIDER DIE HOCHTRABENDEN

Im Äußeren streng und innerlich schwach, so einen kann man vergleichen mit den niedrigen Menschen. Ist er nicht wie ein Dieb, der durch die Wand gräbt oder einsteigt?

Buch XVII · 12

WIDER DIE STREBER

Jene Niederträchtigen! Wahrlich, kann man denn mit ihnen zusammen dem Fürsten dienen? Wenn sie es noch nicht erreicht haben, so leiden sie darunter, es zu erreichen; wenn sie es dann erreicht haben, so leiden sie darunter, es zu verlieren; wenn sie aber darunter leiden, daß sie es verlieren könnten, so gibt es nichts, zu was sie nicht fortschreiten würden.

Buch XVII · 15

GRENZE DER MÖGLICHKEITEN

Wer mit 40 Jahren unter seinen Mitmenschen verhaßt ist, bleibt so bis zum Ende.

Buch XVII · 26

DIE FEHLER DER GEMEINEN

Die Fehler der Gemeinen haben sicher eine Verzierung.

Ein niedrig denkender Mensch wird es stets verstehen, seine Fehler zu bemänteln.

Buch XIX · 8

ANZIEHENDES UND WARNENDES BEISPIEL

Wenn Du einen Würdigen siehst, so denke darauf, ihm gleich zu werden. Wenn Du einen Unwürdigen siehst, prüfe dich selbst in deinem Innern.

Buch IV · 17

DIE ENTFALTUNG DES WESENS IN DER TRAUERZEIT

Meister Dschou sprach: »Ich habe vom Meister gehört, wenn ein Mensch sein eigenes Selbst noch nicht entfaltet habe, daß das sicher in der Trauerzeit geschehen werde.«

Buch XIX · 17

VORBEDACHT

Wer nicht das Ferne bedenkt, dem ist Betrübnis nahe.

Buch XV · 11

DER NICHT ENTLEHNTE REGENSCHIRM

Einst war Meister Kung dabei, auszugehen. Es regnete und er hatte keinen Schirm. Da sprach einer der Jünger: »Schang hat einen.«

Meister Kung sprach: »Schang ist ein Mann, der sehr an seinen Gütern hängt. Es heißt, im Verkehr muß man sich an die Vorzüge der Leute halten und ihre Schwächen übergehen, dann ist die Freundschaft dauerhaft.«

Kapitel 8, 15

ÜBER DAS LEBEN NACH DEM TODE

Dsï Gung fragte den Meister Kung und sprach: »Haben die Toten Bewußtsein oder haben sie kein Bewußtsein?«

Der Meister sprach: »Wollte ich sagen, die Toten haben Bewußtsein, so wäre zu fürchten, daß ehrfürchtige Söhne und gehorsame Enkel die Lebenden zu kurz kommen ließen, um der Bestattung der Toten willen. Wollte ich sagen, die Toten haben kein Bewußtsein, so wäre zu fürchten, daß ungeratene Söhne ihre Eltern unbestattet liegenließen. Dein Wunsch zu wissen, ob die Toten Bewußtsein haben oder nicht, ist zunächst keine dringende Sache. Später wirst du es von selber wissen.«

Kapitel 8, 17

DER SCHEIN TRÜGT

Mit einem Menschen muß man zusammenleben, um ihn zu kennen.

Kapitel 19, 8

IM STURM NICHT ZAGEN

Dsï Lu fragte den Meister Kung: »Kommt der Edle auch in Sorgen?«

Der Meister sprach: »Nein. Der Edle pflegt seinen Wandel. Solange er keinen Erfolg erreicht hat, ist er froh in seinem Herzen; wenn er Erfolg erreicht, so ist er außerdem froh, daß er Ordnung schaffen kann; darum ist er sein ganzes Leben lang fröhlich und keinen Tag lang verzagt. Der Gemeine ist nicht so. Ehe er Erfolg erreicht hat, ist er bekümmert, daß er es zu nichts bringt; hat er Erfolg erreicht, so ist er besorgt, daß er ihn wieder verlieren könnte, darum ist er sein ganzes Leben lang verzagt und keinen Tag fröhlich.«

Kapitel 21, 2

Wer nicht einmal steile Felsen gesehen hat, der kennt nicht die Gefahr des Sturzes; wer nicht einmal an einem tiefen Brunnen gestanden hat, der kennt nicht die Gefahr des Ertrinkens; wer nicht einmal den großen Ozean gesehen hat, der kennt nicht die Gefahr von Wind und Wellen.

Sind es aber nicht diese drei Gefahren, durch die man hauptsächlich in Verlust gerät? Ein Gebildeter, der sich vor diesen drei Gefahren zu hüten weiß, wird stets frei bleiben von den Verwicklungen des Lebens.

Kapitel 22, 6

Kultivierung der Persönlichkeit – der Edle

KULTUR DER PERSÖNLICHKEIT

Ist der Edle nicht gesetzt, so scheut man ihn nicht. Was das Lernen betrifft, so sei nicht beschränkt. Halte dich eng an die Gewissenhaften und Treuen. Mache Treu und Glauben zur Hauptsache. Habe keinen Freund, der nicht dir gleich ist. Hast du Fehler, scheue dich nicht, sie zu verbessern.

Buch I · 8

VERKANNT SEIN UND KENNEN

Nicht kümmere ich mich, daß die Menschen mich nicht kennen. Ich kümmere mich, daß ich die Menschen nicht kenne.

Buch I · 16

DER EDLE · I: SELBSTZWECK

Der Edle ist kein Gerät.

Buch II · 12

TÄGLICHE SELBSTPRÜFUNG

Ich prüfe täglich dreifach mein Selbst: Ob ich, für andere sinnend, es etwa nicht aus innerstem Herzen getan; ob ich, mit Freunden verkehrend, etwa meinem Wort nicht treu war; ob ich meine Lehren etwa nicht geübt habe.

Buch I · 4

DER GEBILDETE IM WETTSTREIT

Der Edle kennt keinen Streit. Oder ist es beim Bogenschießen vielleicht notwendig? Da läßt er mit einer Verbeugung dem anderen den Vortritt beim Hinaufsteigen. Er steigt wieder herab und läßt ihn trinken. Er bleibt auch im Streit ein Edler.

Buch III · 7

DIE KUNST DES LIEBENS UND HASSENS

Nur der Sittliche kann lieben und hassen.

Buch IV · 3

GUTE NACHBARSCHAFT

Gute Menschen machen die Schönheit eines Platzes aus. Wer die Wahl hat und nicht unter guten Menschen wohnen bleibt, wie kann der wirklich weise genannt werden?

Buch IV · 1

FALSCHE SCHAM

Der Gebildete richtet sein Streben auf die Wahrheit; wenn einer aber sich schlechter Kleider und schlechter Nahrung schämt, der ist noch nicht reif, um mitzureden.

Buch IV · 9

SINE IRA ET STUDIO

Der Edle hat für nichts auf der Welt eine unbedingte Voreingenommenheit oder eine unbedingte Abneigung. Das Rechte allein ist es, auf dessen Seite er steht.

Buch IV · 10

GEISTESGEMEINSCHAFT

Innerer Wert bleibt nicht verlassen; er findet sicher Nachbarschaft.

Buch IV · 25

STÄRKE UND SINNLICHKEIT

Der Meister sprach: »Ich habe noch keinen Menschen von wirklicher Charakterstärke gesehen.« Es erwiderte jemand: »Schen Tschang.« Der Meister sprach: »Tschang ist der Sinnlichkeit unterworfen. Wie könnte er stark sein?«

Buch V · 10

ÜBERLEGUNGEN

Von Gi, dem »Weisen«, hieß es, daß er alles erst dreimal überlege, ehe er sich zum Handeln entschließe. Der Meister hörte davon und sprach: »Wenn er auch nur zweimal sich die Sachen überlegt, so ist es schon gut.«

Buch V · 19

INDIVIDUELLER WERT

Der Meister redete von Dschung Gung und sprach: »Wenn das Junge einer fleckigen Kuh rot und wohlgehörnt ist, ob einer auch es nicht zu brauchen wünscht, sollten es darum die Berge und Flüsse verschmähen?«

Der Meister gebrauchte mit Beziehung auf den Jünger Dschung Gung, der, weil er einen schlechten Vater hatte, viel Anfechtung zu erdulden hatte, ein Gleichnis und sprach: »Wenn das Junge einer flekkigen Kuh selbst rot und wohlgehörnt ist, so mögen vielleicht die Menschen Bedenken tragen, es als Opfer darzubringen, doch werden die Geister der Berge und Flüsse ein solches Opfer nicht verschmähen.«

Buch VI · 4

STOLZE BESCHEIDENHEIT

Mong Dschï Fan war fern von Prahlerei. Als er nach einer verlorenen Schlacht auf der Flucht zuhinterst war und im Begriff war, ins Stadttor einzureiten, da trieb er sein Pferd an und sprach: »Es ist nicht mein Mut, daß ich zuhinterst bin; mein Pferd läuft nicht.«

Buch VI · 13

DUMME GUTMÜTIGKEIT

Dsai Wo fragte und sprach: »Wenn ein sittlich-guter Mensch auch nur sagen hörte, es sei ein sittlicher Mensch im Brunnen, so würde er wohl sofort nachspringen.« Der Meister sprach: »Wozu denn das? Ein Edler würde hingehen, aber nicht hineinspringen. Man kann ihn belügen, aber nicht zum Narren haben.«

Buch VI · 24

SEELENRUHE UND SORGEN

Der Edle ist ruhig und gelassen, der Gemeine ist immer in Sorgen und Aufregung.

Buch VII · 36

TALENTE OHNE MORALISCHEN WERT

Wenn einer die Schönheit der Talente des Fürsten Dschou hat, aber bei ihrer Anwendung knickerig und hochfahrend ist, so ist das Übrige keines Blickes wert.

Buch VIII · 11

TREU UND GLAUBEN

Mache Treu und Glauben zur Hauptsache, habe keinen Freund, der dir nicht gleich ist. Hast du Fehler, scheue dich nicht, sie zu verbessern.

Buch IX · 24

DER EDLE IST FREI VON SCHWERMUT UND ANGST

Sï Ma Niu fragte nach dem Wesen des Edlen. Der Meister sprach: »Der Edle ist ohne Trauer und ohne Furcht.« Er sprach: »Ohne Trauer und Furcht sein: *das* heißt ein Edler sein?« Der Meister sprach: »Wenn einer sich innerlich prüft, und kein Übles da ist, was sollte er da traurig sein, was sollte er fürchten?«

Buch XII · 4

EINFLUSS AUF ANDERE

Der Edle befördert das Schöne und befördert nicht das Unschöne der Menschen.

Buch XII · 16

ÜBERWINDUNG INNERER UNKLARHEITEN

Fan Tschï wandelte mit dem Meister unter dem Regenaltar; er sprach: »Darf ich fragen, wie man sein Wesen erhöhen, seine geheimen Fehler bessern und Unklarheiten unterscheiden kann?« Der Meister sprach: »Das ist eine gute Frage! Erst die Arbeit, dann der Genuß: wird dadurch nicht das Wesen erhöht? Seine eigenen Sünden bekämpfen und nicht die Sünden der anderen bekämpfen: werden nicht dadurch die geheimen Fehler gebessert? Um des Zornes eines Morgens willen seine eigene Person vergessen und seine Angehörigen in Verwicklungen bringen, ist das nicht Unklarheit?«

Buch XII · 21

BESCHEIDENHEIT

Meister Dsong sprach: »Der Edle geht in seinem Denken nicht über seine Stellung hinaus.«

Buch XIV · 28

DER EDLE · II: GRUND ZUM KUMMER

Der Edle leidet darunter, daß er keine Fähigkeiten hat, er leidet nicht darunter, daß die Menschen ihn nicht kennen.

Buch XV · 18

V: SOZIALE BEZIEHUNGEN

Der Edle ist selbstbewußt, aber nicht streitsüchtig, umgänglich, aber er macht sich nicht gemein.

Buch XV · 21

FEHLER OHNE BESSERUNG

Einen Fehler haben und sich nicht bessern: das erst heißt fehlen.

Buch XV · 29

DER EDLE · VII: DIE VORNEHMSTE SORTE

Der Edle trachtet nach der Wahrheit, er trachtet nicht nach Speise. Beim Pflügen kann man in Not kommen; beim Lernen kann man zu Brot kommen. Der Edle trauert um der Wahrheit willen, er trauert nicht um der Armut willen.

Buch XV · 31

DER EDLE · IX: FESTIGKEIT

Der Edle ist beharrlich, aber nicht hartnäckig.

Buch XV · 36

NEUNERLEI GEDANKEN

Der Edle hat neun Dinge, worauf er denkt: beim Sehen denkt er auf Klarheit, beim Hören denkt er auf Deutlichkeit, in seinen Mienen denkt er auf Milde, in seinem Benehmen denkt er auf Würde, in seinen Worten denkt er auf Wahrheit, in seinen Geschäften denkt er auf Gewissenhaftigkeit, in seinen Zweifeln denkt er an das Fragen, im Zorn denkt er an die Schwierigkeit der Folgen, angesichts des Empfangens denkt er auf Pflicht.

Buch XVI · 10

DIE DREI VERWANDLUNGEN DES EDLEN

Dreimal verschieden erscheint der Edle. Aus der Ferne gesehen erscheint er streng. Naht man ihm, so ist er milde. Hört man seine Worte, so ist er unbeugsam.

Buch XVI · 9

ARGLOSES WISSEN

Nicht begegnen dem Betrug und nicht sich rüsten auf Unglauben und dennoch sie vorausfühlen. Wer das kann, der dürfte ein Würdiger sein.

Buch IVX · 33

DREI ANSICHTEN ÜBER WEISHEIT UND LIEBE

Dsï Lu trat vor Meister Kung. Meister Kung sprach: »Wie verhält sich der Weise, wie verhält sich der Gütige?« Dsï Lu erwiderte: »Der Weise bewirkt, daß die Menschen ihn kennen; der Gütige bewirkt, daß die Menschen ihn lieben.« Der Meister sprach: »Das sind die Worte eines gebildeten Mannes.«

Dsï Lu ging hinaus, und Dsï Gung kam herein, und dieselbe Frage wurde ihm vorgelegt. Dsï Gung sprach: »Der Weise kennt die Menschen, der Gütige liebt die Menschen.« Der Meister sprach: »Das sind die Worte eines edlen und gebildeten Mannes.«

Dsï Gung ging hinaus, und Yen Hui kam herein, und dieselbe Frage wurde ihm vorgelegt. Er erwiderte: »Der Weise kennt sich selbst, der Gütige liebt sich selbst.« Der Meister sprach: »Das sind die Worte eines weisen und edlen Mannes.«

Kapitel 9, 7

TAKT IM VERKEHR

Dseng Dsï sprach: »Ist man zu intim, so läßt man sich im Verkehr bald allzu sehr gehen. Ist man zu formell, so kommt man einander nicht näher. Darum geht ein Edler nur so weit in der Intimität, daß eine angenehme Vertraulichkeit im Verkehr entsteht, und nur so weit in der Zurückhaltung, daß die Formen der Sitte gewahrt bleiben.«

Meister Kung hörte dieses Wort und sprach: »Merkt euch das, meine Kinder! Der Schen versteht sich wirklich auf die Sitte.«

Kapitel 10, 11

DIE HERRSCHAFT DES GEISTES ÜBER DIE SINNLICHKEIT

Der Edle leitet mit seiner Vernunft seine Sinnlichkeit und sieht den wahren Mut in der unerschütterlichen Ausübung der Pflicht. Der Gemeine lenkt mit seiner Sinnlichkeit seine Vernunft und sieht in Rücksichtslosigkeit den wahren Mut. Darum heißt es: Wer nicht murrt, wenn er zurückgesetzt ist, dem kann man folgen, wenn er hochkommt.

Kapitel 10, 14

DER EDLE IN GLÜCK UND UNGLÜCK

Dsï Lu befragte den Meister Kung und sprach: »Ich habe sagen hören, ein rechter Mann lebe in der Welt, ohne daß Reichtum und Ehre imstande wären, ihn an Gütern zu bereichern, und wenn er in Armut und Niedrigkeit weile, so sei er nicht imstande, seine Grundsätze zu beugen, um dadurch wieder obenauf zu kommen. Ein solcher kommt aber für menschliche Verhältnisse gar nicht mehr in Betracht.«

Meister Kung sprach: »Der Edle ist bei allem seinem Tun darauf bedacht, daß er mit sich selbst in Einklang bleibt. Ist es angebracht, sich zu beugen, so beugt er sich, ist es angebracht, obenauf zu sein, so ist er obenauf. Er beugt seine Grundsätze, um zu warten. Er sucht obenauf zu kommen, um seine Zeit zu erfüllen. Deshalb gibt er, ob er auch gezwungen wird, sich zu beugen, seine Grundsätze nicht preis, und wenn er Erfolg hat, so setzt er sich nicht über seine Pflicht hinweg.«

Kapitel 37, 1

Worte und Taten

Erst handeln und dann mit seinen Worten sich danach richten.

Buch II · 13

DER SCHEIN TRÜGT

Glatte Worte und einschmeichelnde Mienen sind selten vereint mit Sittlichkeit.

Buch I · 3

MERKMAL DES VERSTÄNDNISSES

Der Meister sprach: »Ich redete mit Hui* den ganzen Tag; der erwiderte nichts, wie ein Tor. Er zog sich zurück und ich beobachtete ihn beim Alleinsein, da war er imstande, meine Lehren zu entwickeln. Hui, der ist kein Tor.«

Buch I · 9

WIE MAN EINE LEBENSSTELLUNG ERWIRBT

Dsï Dschang wollte eine Lebensstellung erreichen. Der Meister sprach: »Viel hören, das Zweifelhafte beiseite lassen, vorsichtig das Übrige aussprechen, so macht man wenig Fehler. Viel sehen, das Gefährliche beiseite lassen, vorsichtig das Übrige tun, so hat man wenig zu bereuen. Im Reden wenig Fehler machen, im Tun wenig zu bereuen haben: darin liegt eine Lebensstellung.«

Buch I · 18

* Der Lieblingsjünger des Konfuzius, der seine Ahnentafel dem Meister zunächst hat.

VOM SCHWEIGEN

Die Alten sparten ihre Worte; denn sie schämten sich, mit ihrem Betragen hinter ihren Worten zurückzubleiben.

Buch IV · 22

DREI FEHLER IM VERKEHR MIT ÄLTEREN

Im Zusammensein mit einem älteren Herren gibt es drei Vergehen: wenn er das Wort noch nicht an einen gerichtet hat, zu reden: das ist vorlaut; wenn er das Wort an einen gerichtet hat, nicht zu reden: das ist versteckt; ehe man seine Miene beobachtet hat, zu reden: das ist blind.

Buch XVI · 6

GÜTE UND REDEGEWANDTHEIT

Es sprach jemand: »Yung ist sittlich, aber nicht redegewandt.« Der Meister sprach: »Wozu braucht's Redegewandtheit? Wer den Leuten immer mit seiner Zungenfertigkeit entgegentritt, zieht sich nur die Abneigung von Menschen zu. Ob er sittlich ist, weiß ich nicht, aber wozu braucht's der Redegewandtheit?«

Buch V · 4

LANGSAM IM REDEN

Der Edle liebt es, langsam im Wort und rasch im Tun zu sein.

Buch IV · 3

ZUSTIMMUNG UND TAT

Worte ernsten Zuredens: wer wird denen nicht zustimmen? Aber worauf es ankommt, das ist Besserung des Lebens. Worte zarter Andeutung: wer wird die nicht freundlich anhören? Aber worauf es ankommt, das ist ihre Anwendung. Freundliches Anhören ohne Anwendung, Zustimmung ohne Besserung: was kann ich damit anfangen?

Buch IX · 23

AUSDRUCK UND INNERLICHKEIT

Wer Geist hat, hat sicher auch das rechte Wort, aber wer Worte hat, hat darum noch nicht notwendig Geist.

Buch XIII · 5

LEBENSKLUGHEIT

Wenn das Land auf rechter Bahn ist, mag man kühn in seinen Worten sein und kühn in seinen Taten. Wenn das Land nicht auf rechter Bahn ist, soll man kühn in seinen Taten sein, aber vorsichtig in seinen Worten.

Buch XIV · 4

WORTE UND TATEN II

Der Edle schämt sich davor, daß seine Worte seine Taten übertreffen.

Buch XIV · 29

WORTE UND MENSCHEN

Trifft man einen, mit dem zu reden es sich verlohnte, und redet nicht mit ihm, so hat man einen Menschen verloren. Trifft man einen, mit dem zu reden sich nicht verlohnt, und redet doch mit ihm, so hat man seine Worte verloren. Der Weise verliert weder einen Menschen noch seine Worte.

Buch XV · 7

TRIVIALITÄT

Herdenweise zusammensitzen den ganzen Tag, ohne daß die Rede die Pflicht berührt; es lieben, kleine Schlauheiten auszuführen: wahrlich, mit denen hat man es schwer.

Buch XV · 16

DER EDLE · VI: URTEIL ÜBER MENSCHEN UND WORTE

Der Edle wählt nicht nach ihren Worten die Menschen und verwirft nicht nach den Menschen ihre Worte.

Buch XV · 22

SCHLAUHEIT UND UNVERTRÄGLICHKEIT ALS HINDERNISSE

Geschickte Worte stören geistigen Wert. Ist man im Kleinen nicht nachsichtig, so stört man große Pläne.

Buch XV · 26

DEUTLICHKEIT DES STILS

Wenn man sich durch seine Rede verständlich macht, so ist der Zweck erreicht.

Buch XV · 40

FALSCHE BENENNUNGEN

Eine Eckenschale ohne Ecken: was ist das für eine Ekkenschale, was ist das für eine Eckenschale!

Der Meister hielt sich darüber auf, daß ein Opfergefäß, das früher eckig gewesen war, aber im Lauf der Zeit abgerundet hergestellt zu werden pflegte, noch immer mit der alten Bezeichnung genannt wurde, die dem Wesen nun gar nicht mehr entsprach: ein Gleichnis für die Zustände der damaligen Zeit, die auch nichts mehr mit den Einrichtungen der guten alten Zeit gemeinsam hatten als den bloßen Namen. Diese Begriffsverwirrungen waren nach Kung einer der schlimmsten Übelstände, da ohne adäquate Begriffe der Mensch der Außenwelt hilflos und machtlos gegenübersteht.

Buch VI · 23

STAATSREGIERUNG · III: RICHTIGSTELLUNG DER BEGRIFFE

Dsï Lu sprach: »Der Fürst von We wartet auf den Meister, um die Regierung auszuüben. Was würde der Meister zuerst in Angriff nehmen?« Der Meister sprach: »Sicherlich die Richtigstellung der Begriffe.« Dsï Lu sprach: »Da hat der Meister weit gefehlt! Warum denn deren Richtigstellung?« Der Meister sprach: »Wie roh du bist, Yu! Der Edle läßt das, was er nicht versteht, sozusagen beiseite. Wenn die Begriffe nicht richtig sind, so stimmen die Worte nicht; stimmen die Worte nicht, so kommen die Werke nicht zustande; kommen die Werke nicht zustande, so gedeiht Moral und Kunst nicht; gedeiht Moral und Kunst nicht, so treffen die Strafen nicht; treffen die Strafen nicht, so weiß das Volk nicht, wohin Hand und Fuß setzen. Darum sorge der Edle, daß er seine Begriffe unter allen Umständen zu Worte bringen kann und seine Worte unter allen Umständen zu Taten machen kann. Der Edle duldet nicht, daß in seinen Worten irgend etwas in Unordnung ist. Das ist es, worauf alles ankommt.«

Buch XIII · 3

WIDER DIE SCHWÄTZER

Auf der Straße hören und auf dem Wege reden ist die Preisgabe des Geistes.

Buch XVII · 14

WAHL DER LEUTE

Herzog Ai fragte den Meister Kung und sprach: »Darf ich nach der Art fragen, wie man die rechten Leute auswählt?« Meister Kung erwiderte: »Jeder soll mit dem Amt betraut werden, dem er gewachsen ist. Man nehme keinen, der schnell mit dem Wort bei der Hand ist, man nehme keinen, der andern das Wort abschneidet, man nehme keinen, der viele Worte macht.

Die schnell mit dem Wort bei der Hand sind, sind habgierig, Wortabschneider sind frech, die Schwätzer sind falsch. So muß man bei einem Bogen erst darauf sehen, daß er ausgeglichen ist, und dann erst auf seine Kraft. Ein Pferd muß gezähmt sein, ehe man sich seiner Schnelligkeit bedienen kann. Bei einem Beamten ist vor allem wichtig die Zuverlässigkeit, dann erst sehe man auf Wissen und Fähigkeit. Wer nicht zuverlässig ist und viele Fähigkeiten hat, der gleicht einem reißenden Wolf, dem man sich nicht nahen soll.«

Kapitel 7, 3

TADEL

Dsai Yü verweilte am hellen Tage in seinem Schlafzimmer. Der Meister sprach: »Faules Holz kann man nicht schnitzen. Eine Wand aus schlechtem Lehm läßt sich nicht streichen. Dieser Yü da! Was soll man ihm überhaupt noch Vorwürfe machen!« Der Meister sprach: »Früher stand ich so zu den Menschen: Wenn ich ihre Worte hörte, so glaubte ich an ihre Taten. Jetzt stehe ich so zu den Menschen: Ich höre ihre Worte, dann sehe ich nach ihren Taten. Durch Yü kam ich dazu, diese Änderung vorzunehmen.«

Buch V · 9

DAS STANDBILD MIT VERSCHLOSSENEM MUNDE

Als Meister Kung die Hauptstadt von Dschou besah, da ging er auch in den Tempel des Ahnherrn Hou Dsi. Vor den rechten Stufen der Tempelhalle stand ein goldner Mann, der hatte mit drei Nadeln den Mund verschlossen. Auf seiner Rückseite stand folgende Inschrift:

»Die Alten hatten acht auf ihre Worte,
Merkt's euch, ihr Menschen,
Macht nicht viele Worte,
Viele Worte bringen viel Verlust.
Kümmert euch nicht um viele Dinge,
Viele Dinge bringen viel Leid.
Im Glück und Frieden vergeßt der Vorsicht nicht.
Tut nichts, das ihr bereuen müßt.
Sagt nicht, was tut's?
Langes Unglück folgt darauf.
Sagt nicht, was schadet's?
Großes Unglück folgt darauf.
Sagt nicht, niemand hört es!
Ein Gott hat acht auf die Menschen.
Wenn der Funke nicht gelöscht wird,
Welche Flammen lodern dann empor!
Wenn der Tropfen nicht verstopft wird,

So werden schließlich Fluß und Strom daraus.
Wenn das Fädchen nicht zerrissen wird,
Wird wohl ein starkes Netz daraus.
Wenn das Hälmchen nicht gejätet wird,
Braucht man schließlich Axt und Beil dafür.
Stets Vorsicht üben können
Ist die Wurzel jeden Glückes.
Ein Mund, der spricht: was tut's,
ist das Tor des Unheils.
Wer stark und trotzig ist,
stirbt nicht eines rechten Todes.
Wer andern über sein will,
Findet sicher schließlich einen ebenbürtigen Feind.
Der Dieb haßt den Herrn des Hauses.
Die Leute grollen ihren Herrschern.
Der Edle weiß, daß man die Welt nicht überkommen kann,
Darum stellt er sich unter sie.
Er weiß, daß man der Masse nicht voran darf,
Darum stellt er sich hinter sie.
Milde, Ehrfurcht, Vorsicht, Tugend
Machen, daß ihn die Menschen ehren.
Wer sich weiblich hält und unten bleibt,
Über den drängt sich keiner hinweg.
Alle Menschen drängen nach jenem,
Ich allein halte mich an dieses.
Die Menschen haben alle ihre Zweifel,
Ich allein rühre mich nicht.
Im Innern berge ich meine Weisheit,
Nicht zeige ich den Leuten meine Künste.

Dann mag ich selbst geehrt und hoch sein,
Und dennoch tut mir niemand was zuleide.
Wer also zu handeln vermag,
Der gleicht dem Strom und dem Meere,
Das, trotzdem es links liegt,
dennoch aller Gewässer Herr ist,
Weil es am tiefsten ist.
Des Himmels Weg zieht niemanden vor,
Und doch kann er sich unter die Menschen
begeben.
Nehmt euch in acht!«

Als Meister Kung diese Inschrift gelesen hatte, da wandte er sich an seine Jünger und sprach: »Kinder, merkt es euch, diese Worte sind wahr und treffend, sie sind wirklich und zuverlässig. Im Buch der Lieder heißt es:

Wandle mit Furcht und Zittern
Als stündest du am Rand des Abgrunds,
Als gingst du über dünnes Eis.

Wer danach seinen Wandel richtet, der zieht sich nicht durch seinen Mund Leid zu.«

Kapitel 11, 3

Freiheit und Form

Bei der Ausübung der Formen ist die innere Harmonie die Hauptsache. Der alten Könige Pfad ist dadurch so schön, daß sie im Großen und Kleinen sich danach richteten. Dennoch gibt es Punkte, wo es nicht geht. Die Harmonie kennen, ohne daß die Harmonie durch die Form geregelt wird: das geht auch nicht.

Buch I · 12

Hervorragende Stellung ohne Großartigkeit, Religionsübung ohne Ehrfurcht, Erledigung der Beerdigungsbräuche ohne Herzenstrauer: solche Zustände kann ich nicht mitansehen.

Buch III · 26

GRUND ZUM KUMMER

Nicht das soll einen bekümmern, daß man kein Amt hat, sondern das muß einen bekümmern, daß man dafür tauglich werde. Nicht das soll einen bekümmern, daß man nicht bekannt ist, sondern danach muß man trachten, daß man würdig werde, bekannt zu werden.

Buch IV · 14

DAS IDEAL UND DAS LEBEN

Reichtum und Ehre sind es, was die Menschen wünschen; aber wenn sie einem unverdient zuteil werden, so soll man sie nicht festhalten. Armut und Niedrigkeit sind es, was die Menschen hassen, aber wenn sie einem unverdient zuteil werden, so soll man sie nicht loszuwerden suchen. Ein Edler, der von der Sittlichkeit läßt, entspricht nicht dem Begriff des Edlen. Der Edle übertritt nicht während der Dauer einer Mahlzeit die Gesetze der Sittlichkeit. In Drang und Hitze bleibt er unentwegt dabei, in Sturm und Gefahr bleibt er unentwegt dabei.

Buch IV · 5

RELIGION UND KUNST OHNE SITTLICHKEIT

Ein Mensch ohne Menschenliebe, was hilft dem die Form? Ein Mensch ohne Menschenliebe, was hilft dem die Musik?

Buch III · 3

VORTEIL DER ZURÜCKHALTUNG

Abmachungen müssen sich an die Gerechtigkeit halten, dann kann man sein Versprechen erfüllen. Ehrenbezeugungen müssen sich nach den Regeln richten, dann bleibt Schande und Beschämung fern. Beim Anschluß an andre werfe man seine Zuneigung nicht weg, so kann man verbunden bleiben.

Buch I · 13

DAS WESEN DER FORMEN

Lin Fang fragte nach dem Wesen der Formen. Der Meister sprach: »Ja, das ist eine wichtige Frage. Bei den Formen des Verkehrs ist wertvoller als Prunk die Einfachheit. Bei Trauerfällen ist wertvoller als Leichtigkeit die Trauer.«*

Buch III,4

* Die Antwort Kungs läßt erkennen, wie sehr er die Innerlichkeit des Gefühlslebens wichtig nimmt, sogar auf Kosten der äußeren Form.

POESIE, FORMEN UND MUSIK

Wecken durch die Lieder, festigen durch die Formen, vollenden durch die Musik.

Buch VIII · 8

DAS OPFERSCHAF

Dsï Gung wollte, daß das Opferschaf bei der Verkündigung des neuen Mondes abgeschafft würde. Der Meister sprach: »Mein lieber Sï, dir ist es leid um das Schaf, mir ist es leid um den Brauch.«

Buch III · 17

VORZEITIGER VERZICHT

Jan Kiu sprach: »Nicht daß ich des Meisters Lehre nicht liebte, aber meine Kraft reicht nicht aus dafür.« Der Meister sprach: »Wem seine Kraft nicht ausreicht, der bleibt auf halbem Wege liegen, aber du beschränkst dich ja von vornherein selber.«

Buch VI · 10

DAS GLEICHGEWICHT ZWISCHEN GEHALT UND FORM

Bei wem der Gehalt die Form überwiegt, der ist ungeschlacht, bei wem die Form den Gehalt überwiegt, der ist ein Schreiber. Bei wem Form und Gehalt im Gleichgewicht sind, der erst ist ein Edler.

Buch VI · 16

AUFRICHTIGKEIT ALS LEBENSPRINZIP

Der Mensch lebt durch Geradheit. Ohne sie lebt er von glücklichen Zufällen und Ausweichen.

Buch VI · 17

DIE BARBAREN

Der Meister äußerte den Wunsch, unter den neun Barbarenstämmen des Ostens zu wohnen. Jemand sprach: »Sie sind doch so roh; wie wäre so etwas möglich!« Der Meister sprach: »Wo ein Gebildeter weilt, kann keine Rohheit aufkommen.«

Buch IX · 13

DER FLUSS

Der Meister stand an einem Fluß und sprach: »So fließt alles dahin, wie dieser Fluß, ohne Aufhalten Tag und Nacht!«

Buch IX · 16

STILLSTAND UND FORTSCHRITT

Nehmt zum Vergleich einen Hügel, der fertig ist, bis auf einen Korb Erde; bleibt es dabei, so bedeutet es für mich einen Stillstand. Nehmt zum Vergleich den ebenen Grund, es mag erst ein Korb Erde aufgeworfen sein; geht es weiter, so bedeutet es für mich einen Fortschritt.

Buch IX · 18

DSÏ LUS LOB UND TADEL

Der Meister sprach: »Mit einem ärmlichen hänfenen Rock bekleidet zu sein und an der Seite von anderen zu stehen, die kostbares Pelzwerk tragen, ohne sich zu schämen: das bringt Yu fertig.

Der keinem schadet, nichts begehrt
wie tät er nicht, was gut und recht?«

Dsï Lu sang darauf die Strophe dauernd vor sich hin. Der Meister sprach: »Dieser Weg allein führt aber noch nicht bis zur Vollkommenheit.«

Buch IX · 26

UNVOLLKOMMENHEIT GUTER GESINNUNG OHNE TAKT

Ehrerbietung ohne Form wird Kriecherei, Vorsicht ohne Form wird Furchtsamkeit, Mut ohne Form wird Auflehnung, Aufrichtigkeit ohne Form wird Grobheit.

Wenn der Fürst seine Verwandten hochhält, so wird das Volk sich entwickeln zur Sittlichkeit; wenn er seine alten Freunde nicht vernachlässigt, so wird das Volk nicht niedriggesinnt.

Buch VIII · 2

SITTLICHKEIT · I: SCHÖNHEIT

Yen Yüan fragte nach dem Wesen der Sittlichkeit. Der Meister sprach: »Sich selbst überwinden und sich den Gesetzen der Schönheit zuwenden: dadurch bewirkt man Sittlichkeit. Einen Tag sich selbst überwinden und sich den Gesetzen der Schönheit zuwenden: so würde die ganze Welt sich zur Sittlichkeit kehren. Sittlichkeit zu bewirken, das hängt von uns selbst ab; oder hängt es etwa von den Menschen ab?«

Yen Yüan sprach: »Darf ich um Einzelheiten davon bitten?«

Der Meister sprach: »Was nicht dem Gesetz der Schönheit entspricht, darauf schaue nicht; was nicht dem Gesetz der Schönheit entspricht, darauf höre nicht; was nicht dem Schönheitsideal entspricht, davon rede nicht; was nicht dem Schönheitsideal entspricht, das tue nicht.« Yen Yüan sprach: »Obwohl meine Kraft nur schwach ist, will ich mich doch bemühen, nach diesem Wort zu handeln.«

Buch XII · I

KERN UND SCHALE

Gi Dsï Tschong sprach: »Dem Edlen kommt es auf das Wesen an und sonst nichts. Was braucht er sich um die Form zu kümmern?« Dsï Gung sprach: »Bedauerlich ist die Rede des Herrn über den Edlen. Ein Viergespann holt die Zunge nicht ein. Die Form ist Wesen, das Wesen ist Form. Das von Haaren entblößte Fell eines Tigers ist wie das von Haaren entblößte Fell eines Hundes oder Schafs.«

Buch XII · 8

AUFRICHTIGKEIT UND PIETÄT

Der Fürst von Schë redete mit Meister Kung und sprach: »Bei uns zulande gibt es ehrliche Menschen. Wenn jemandes Vater ein Schaf entwendet hat, so legt der Sohn Zeugnis ab gegen ihn.« Meister Kung sprach: »Bei uns zulande sind die Ehrlichen verschieden davon. Der Vater deckt den Sohn und der Sohn deckt den Vater. Darin liegt auch Ehrlichkeit.«

Buch XIII · 18

SCHANDE

Hië fragte, was Schande sei. Der Meister sprach: »Ist ein Land auf rechter Bahn, so habe man sein Einkommen. Ist ein Land nicht auf rechter Bahn, und man genießt dennoch ein amtliches Einkommen: das ist Schande.«

Buch XIV · 1

WELTFLUCHT

Die Würdigsten ziehen sich von der *Welt* zurück. Die nächstfolgenden ziehen sich von einem bestimmten *Ort* zurück. Die Nächstfolgenden ziehen sich vor unfreundlichen *Mienen* zurück. Die Nächstfolgenden ziehen sich vor *Worten* zurück.

Es gibt verschiedene Gründe der Weltflucht. Die Würdigsten haben überhaupt der Welt prinzipiell abgesagt. Andere gibt es, die ziehen sich in die Einsamkeit zurück, um der Ungerechtigkeit eines bestimmten Landes zu entgehen. Wieder andere ziehen sich zurück, wenn sie bei ihrem Herrscher auf unfreundliche Mienen und abweisendes Betragen stoßen. Die letzten endlich ziehen sich zurück, wenn sie geradezu dazu aufgefordert sind.

Buch XIV · 39

MÖGLICHKEIT DES WIRKENS II

Bi Hi berief den Meister. Der Meister war geneigt, hinzugehen. Dsï Lu sprach: »Einst habe ich vom Meister gehört: ›Wer in seinem persönlichen Betragen nicht gut ist, mit dem läßt der Edle sich nicht ein.‹ Bi Hi hat Dschung Mou im Aufruhr besetzt; wenn nun der Meister hingeht: was soll das?« Der Meister sprach: »Ja, ich habe das gesagt; aber heißt es nicht auch: ›Was wirklich fest ist, mag gerieben werden, ohne daß es abgenutzt wird?‹ Heißt es nicht: ›Was wirklich weiß ist, kann auch in eine dunkle Flüssigkeit getaucht werden, ohne daß es schwarz wird?‹ Wahrlich, bin ich denn ein Kürbis, den man nur aufhängen kann, aber nicht essen?«

Buch XVII · 7

SCHEINKULTUR

»Riten« heißt es, »Riten« heißt es: Wahrlich, heißt das denn Edelsteine und Seide? »Musik« heißt es, »Musik« heißt es: wahrlich, heißt das denn Glocken und Pauken?

Buch XVII · 11

ABWEISUNG EINES BESUCHERS

Jü Be wünschte den Meister Kung zu sehen. Meister Kung lehnte es ab, weil er krank sei. Während aber der Bote zur Tür hinausging, nahm er die Laute und sang, damit er es hören sollte.

Buch XVII · 20

DER ALTE AM WASSERFALL

Als Meister Kung von We nach Lu zurückkam, ließ er den Wagen am Ho-liang-Damm rasten und genoß die Aussicht. Es war ein Wasserfall da, dreißig Klafter hoch, der Wirbel erzeugte 90 Meilen weit. Fische und Schildkröten konnten nicht kommen, Riesenschildkröten und Krokodile konnten dort nicht leben. Da kam ein Alter und machte sich fertig durchzuwaten. Meister Kung sandte hin, ihn am Ufer aufhalten zu lassen, und sprach: »Dieser Wasserfall ist 30 Klafter hoch und erzeugt Wirbel 90 Meilen, also daß Fische und Schildkröten nicht hinkommen und Riesenschildkröten und Krokodile nicht darin leben können. Ich denke, er wird sich schwerlich überschreiten lassen.«

Der Alte nahm sich's nicht zu Herzen, sondern ging durch und kam richtig wieder heraus.

Meister Kung fragte: »Seid Ihr besonders geschickt, oder habt Ihr einen Zauber? Wie machtet Ihr es, daß Ihr durchgingt und wieder herauskamt?«

Der Alte sprach: »Als ich hineinging, da ging ich voran im festen Glauben, als ich dann wieder herauskam, da ließ ich mich treiben im festen Glauben. Ich vertraute meinen Leib dem Strom der Wellen an und wagte nicht, einen eigenen Willen zu haben; darum konnte ich hinein und auch wieder heraus.«

Da sprach Meister Kung zu seinen Jüngern: »Kinder, merkt es euch. Selbst dem Wasser kann man sich anvertrauen, wenn man sich im Glauben festgemacht hat, wieviel eher noch gilt das den Menschen gegenüber.«

Kapitel 8, 14

WIDER DAS RICHTEN

Yen Hui sagte zu Dsï Gung: »Ich habe den Meister sagen hören: Wer sich selbst nicht nach den Regeln der Sitte richtet und doch deren Befolgung von anderen erwartet, wer selbst keine guten Eigenschaften zeigt und doch gute Eigenschaften bei anderen erwartet, der ist unverschämt. Des Meisters Worte muß man wohl beachten.«

Kapitel 18, 12

WERT DER GESINNUNG

Es gibt eine Höflichkeit ohne äußere Form; das ist die Achtung. Es gibt eine Trauer ohne Trauergewänder; das ist die Betrübnis. Es gibt eine Musik ohne Töne; das ist die Freude. Es gibt eine Zuverlässigkeit, die nicht erst Worte machen muß, es gibt einen Respekt, der nicht erst durch Handlungen hervorgerufen wird, es gibt eine Güte, die nicht erst wohlzutun braucht; das ist die Gesinnung. Der Ton der Glocke, der im Zorn geschlagen wird, ist kriegerisch; wird sie in der Trauer angeschlagen, so klingt sie melancholisch. Wechselt die Gesinnung, so ändert sich der Ton entsprechend. Wenn nun so eine wahrhaftige Gesinnung selbst Metall und Stein beeinflußt, wieviel erst Menschen!

Kapitel 15, 6

LUXUS UND KNICKRIGKEIT

Dsï Gung fragte: »Guan Dschung hatte den Fehler, daß er zu üppig war, Yen Dsï machte den Fehler, daß er zu knickerig war. Welcher von ihnen war der bessere?«

Meister Kung sprach: Guan Dschung hatte ziselierte Opfergefäße und ein Scharlachband am Hut. Er hatte eine Schutzwand vor dem Tor und zwischen den beiden Hauptsäulen einen Stand für die Becher. Er hatte herzförmige Kapitelle auf seinen Säulen und geschnitzte Dachbalken. Er war ein tüchtiger Beamter, aber es war schwer, sein Vorgesetzter zu sein.

Yeng Ping Dschung opferte seinen Ahnen, und die Schulter des Ferkels, die er darbrachte, bedeckte nicht einmal den Opferteller. Einen und denselben Pelzmantel hat er dreißig Jahre lang getragen. Er war ein tüchtiger Beamter, aber es war schwer, sein Untergebener zu sein. Der Edle mischt sich nicht als Vorgesetzter in die Angelegenheiten seiner Untergebenen ein, und als Untergebener usurpiert er nicht die Rechte seiner Vorgesetzten.«

Kapitel 42, 6

Die Freundschaft

IM WINTER

Wenn das Jahr kalt wird, dann erst merkt man, daß Föhren und Lebensbäume immergrün sind.

Buch IX · 27

GLÜCK IN DER BESCHRÄNKUNG

Lernen und fortwährend üben: Ist das denn nicht auch befriedigend? Freunde haben, die aus fernen Gegenden kommen: Ist das nicht auch fröhlich?

Buch I · 1, 1

SORGE FÜR DIE NACHWELT

Der Meister sprach in Tschen: »Ich muß heim! Ich muß heim! Meine jungen Freunde zu Hause sind enthusiastisch und großartig. Sie sind bewandert in allen Künsten. Aber sie wissen noch nicht sich zu mäßigen.«

Buch V · 21

GEFÄHRTEN AUF DEM LEBENSWEG

Manche können mit uns gemeinsam lernen, aber nicht gemeinsam mit uns die Wahrheit erreichen. Manche können mit uns gemeinsam die Wahrheit erreichen, aber nicht gemeinsam mit uns sich festigen. Manche können gemeinsam mit uns sich festigen, aber nicht gemeinsam mit uns die Ereignisse abwägen.

Buch IX · 29

ZWECK DER FREUNDSCHAFT

Der Edle begegnet seinen Freunden durch die Kunst und fördert durch seine Freunde seine Sittlichkeit.

Buch XII · 24

FREUNDSCHAFT

Dsï Gung fragte nach dem Wesen der Freundschaft. Der Meister sprach: »Man sollte sich gewissenhaft ermahnen und geschickt zum Guten führen. Wenn es nicht geht, so halte man inne. Man muß sich nicht selbst der Beschämung aussetzen.«

Buch XII · 23

WIDER DIE AUFDRINGLICHKEIT

Im Dienst des Fürsten bringen lästige Vorwürfe Ungnade. Zwischen Freunden führen lästige Vorwürfe zu Entfremdung.

Buch IV · 26

EIGENSCHAFTEN DES GEMÜTS, DIE DEM GEBILDETEN WESENTLICH SIND

Dsï Lu fragte: »Wie muß einer sein, um ihn einen Gebildeten nennen zu können?« Der Meister sprach: »Einer, der solide und freundlich ist, den kann man einen Gebildeten nennen. Als Freund solide und gründlich, als Bruder freundlich.«

Buch XIII · 28

DIE RECHTE LIEBE

Wenn man einen liebt, ist es dann möglich, daß man nicht für ihn besorgt ist?

Buch XIV · 8

DREI NÜTZLICHE UND DREI SCHÄDLICHE FREUNDE

Es gibt dreierlei Freunde, die von Nutzen sind, und dreierlei Freunde, die von Übel sind. Freundschaft mit Aufrichtigen, Freundschaft mit Beständigen, Freundschaft mit Erfahrenen ist von Nutzen. Freundschaft mit Speichelleckern, Freundschaft mit Duckmäusern, Freundschaft mit Schwätzern ist von Übel.

Buch XVI · 4

ÜBER FREUNDSCHAFT

Yen Hui fragte: »Wie steht es mit dem Verkehr von Freunden?«

Meister Kung sprach: »Ein Edler hat sicher gewisse Dinge, in denen er seinen Freund mißbilligt, aber er wird darum nie dazu fortschreiten, die gute Gesinnung des Freundes anzuzweifeln. Ein guter Mensch vergißt nicht alte Vorzüge und gedenkt nicht alter Zwiste.«

Kapitel 18, 10

Eltern und Kinder

ÜBER KINDESPFLICHT · II: KRANKHEIT

Man soll den Eltern außer durch Erkrankung keinen Kummer machen.

Buch II · 7

MERKMALE DER PIETÄT

Ist der Vater am Leben, so schaue auf seinen Willen. Ist der Vater nicht mehr, so schaue auf seinen Wandel. Drei Jahre nicht ändern des Vaters Weg: das kann kindesliebend heißen.

Buch I · 11

ÜBER KINDESPFLICHT · III: EHREN, NICHT BLOSS NÄHREN

Dsï Yu fragte nach dem Wesen der Kindespflicht. Der Meister sprach: »Heutzutage kindesliebend sein, das heißt seine Eltern ernähren können. Aber Ernährung können alle Wesen bis auf Hunde und Pferde herunter haben. Ohne Ehrerbietung: was ist da für ein Unterschied?«

Buch I · 7

KINDESPFLICHT · I: VORBEHALTE

Den Eltern dienend darf man ihnen in zarter Weise Vorstellungen machen. Wenn man aber sieht, daß sie nicht gewillt sind darauf zu hören, so soll man fortfahren, ehrerbietig sich zu fügen, und auch die schwersten Anstrengungen ohne Murren tragen.

Buch IV · 18

Solange die Eltern leben, soll man nicht in die Ferne ziehen. Und wenn man nach auswärts geht, so soll man einen bestimmten Wohnort wählen.

Buch IV · 19

ALTER DER ELTERN

Die Jahre der Eltern darf man nie vergessen: erstens, um sich darüber zu freuen, zweitens, um sich darüber zu sorgen.

Buch IV · 21

VATER UND SOHN VOR GERICHT

Als Meister Kung oberster Richter in Lu war, kamen einmal ein Vater und ein Sohn, die sich gegenseitig verklagten. Der Meister sperrte sie miteinander ein und hielt sie drei Monate in Haft, ohne die Sache zu entscheiden. Da bat der Vater um die Einstellung des Verfahrens. Der Meister ließ daraufhin beide frei.

Der Herr von Gi-sun war mißvergnügt, als er davon hörte, und sprach: »Der Oberrichter hält mich zum besten. Erst sagt er mir, das wichtigste in Staat und Familie sei die kindliche Ehrfurcht. Nun bot sich Gelegenheit, durch Hinrichtung eines einzigen unehrerbietigen Sohnes das Volk Ehrfurcht zu lehren. Statt dessen läßt er ihn laufen. Was soll das nur heißen?«

Jan Yu teilte das dem Meister Kung mit. Meister

Kung seufzte tief und sprach: »Ach, wenn die Oberen vom rechten Weg gewichen sind und ihre Untergebenen töten, so ist das gegen die Ordnung. Wenn man sie nicht belehrt in der Ehrfurcht, sondern über sie zu Gericht sitzt, so heißt das Unschuldige töten. Wenn die drei Heere eine große Niederlage erlitten haben, so kann man die Soldaten doch nicht köpfen lassen. Wenn das Gesetz nicht in Ordnung ist, kann man nicht mit Strafen einschreiten. Warum das? Wenn die Belehrung durch die Oberen nicht erfolgt, so liegt die Schuld nicht beim Volk. Wenn die Verordnungen lässig sind und die Strafen scharf, so ist das Räuberart. Wenn man zur Unzeit Steuern einzieht, so ist das erbarmungslos. Wenn man ohne Warnung Strafen vollzieht, so bedeutet das Härte. Ohne es mit Belehrung versucht zu haben, schon Vollendung zu verlangen, ist Grausamkeit. Nur wenn eine Regierung diese drei Fehler vermieden hat, können die Strafgesetze angewendet werden.

Kapitel 2, 3

DIE PIETÄT DES DSÏ LU

Dsï Lu trat vor den Meister Kung und sprach: »Wer schwer zu tragen und einen weiten Weg hat, der ist nicht wählerisch im Platz für seine Ruhe; wer arm von zu Hause ist und alte Eltern hat, der ist nicht wählerisch in dem Posten, den er annehmen will. Früher, als ich noch meinen beiden Eltern dienen konnte, da hatte ich oft nur Gänsefuß zu essen und mußte den Reis für meine Eltern hundert Meilen weit hertragen. Später, nach dem Tode meiner Eltern, reiste ich einmal im Süden in Tschu, dabei hatte ich hundert Wagen im Gefolge und hatte zehntausend Maß Korn im Vorrat. Ich hatte Polster und Kissen zum Sitzen, ich hatte Mahlzeiten mit vielen Gängen zum Essen. Und doch würde ich lieber wieder Gänsefuß essen und für meine Eltern Reis schleppen. Aber es ist nicht mehr möglich. Wenn erst der Fisch getrocknet am Stricke hängt, dann wird er unwiederbringlich madig: Das Leben der beiden Eltern eilt vorüber wie ein Viergespann an einer Ritze.«

Meister Kung sprach: »Von Yus Liebe zu seinen Eltern kann man behaupten, daß er ihnen bei Lebzeiten mit aller Kraft gedient hat, und daß er nach ihrem Tode ihrer mit aller Anhänglichkeit gedenkt.«

Kapitel 8, 12

ZU WEIT GETRIEBENE KINDLICHKEIT

Dseng Schen behackte einst Gurken. Aus Versehen durchhieb er eine Wurzel. Sein Vater Deseng Si geriet darüber in solchen Zorn, daß er einen großen Prügel nahm und ihn dermaßen auf den Rücken schlug, daß Dseng Dsï zu Boden fiel und lange Zeit bewußtlos liegenblieb. Als er nach einiger Zeit wieder zu sich kam, stand er mit heiteren Mienen auf, trat vor seinen Vater und sprach: »Ich habe mich eben gegen Euch verfehlt, Vater, und Ihr mußtet mit Gewalt mich belehren, hoffentlich habt Ihr Euch dabei nicht wehe getan.«

Darauf ging er in sein Zimmer zurück, spielte die Laute und sang, damit sein Vater es höre und erfahre, daß er keinen dauernden Schaden davongetragen habe.

Als Meister Kung die Sache hörte, wurde er böse und sagte zu seinen Jüngern: »Wenn Dseng Schen kommt, so laßt ihn nicht herein!«

Dseng Schen war sich keiner Schuld bewußt, darum ließ er durch einen Freund den Meister Kung nach dem Grund fragen.

Meister Kung sprach: »Hast du nicht gehört, daß einst Gu Sou einen Sohn hatte mit Namen Schun? Schun diente seinem Vater so, daß, wenn jener etwas von ihm wollte, er stets an seiner Seite stand. Wenn er ihn aber suchte, um ihn umzubringen, da war er nie zu finden. Wenn er ihn mit einem dünnen Stock schlug, so hielt er still und ließ es über sich ergehen, wenn er ihn aber mit einem großen Prügel schlagen wollte, so wich er aus und lief weg. Darum fiel Gu Sou nicht in die Sünde, sich als ein unmenschlicher Vater zu zeigen, und Schun verlor nicht die Gelegenheit zu täglich zunehmender Ehrfurcht. Du aber hast deinem Vater also gedient, daß du dein Leben gering nahmst, um eine rohe Behandlung über dich ergehen zu lassen. Du hättest dich totschlagen lassen, ohne auszuweichen. Wenn du ums Leben gekommen wärst, so hättest du deinen Vater in die Lage gebracht, daß er eine Pflichtverletzung begangen hätte. Welche Pietätlosigkeit gibt es, die größer wäre als diese! Bist du denn nicht auch ein Untertan des Himmelssohns? Was für eine große Schuld kommt aber auf den, der einen Untertan des Himmelssohns tötet!«

Als Dseng Schen dies hörte, da sagte er: »Meine Schuld ist wirklich groß.« Daraufhin trat er vor den Meister Kung und bat um Verzeihung.

Kapitel 15, 10

ÜBER KINDESEHRFURCHT

Dsï Lu befragte den Meister Kung: »Da ist ein Mann, der steht mit Tagesanbruch auf und geht erst spät in der Nacht zur Ruhe, er pflügt und jätet und pflanzt und arbeitet, so daß er Schwielen an Händen und Füßen hat, um seine Eltern zu ernähren, doch steht er nicht im Ruf eines guten Sohnes. Wie kommt das?«

Meister Kung sprach: »Ich denke, vielleicht ist er in seinem Benehmen nicht ehrfürchtig oder in seinen Worten nicht gefügig oder in seinen Mienen nicht freundlich. Die Alten hatten ein Wort: Liegt's an den andern? Liegt's an dir? Darüber täusche dich ja nicht. Wer wirklich mit aller Kraft seinen Eltern dient und keinen dieser drei Mängel zeigt, warum sollte der nicht in den Ruf eines guten Sohnes kommen? Merke dir, was ich dir sage: Selbst der stärkste Mann in diesem Land kann sich nicht selbst in die Höhe heben. Nicht daß seine Kraft zu klein wäre, die Umstände erlauben es nicht. Wenn einer zu Hause seine Person nicht bildet, das ist seine eigne Schuld. Wenn aber sein Wandel gepflegt ist und sein Name dennoch keinen guten Klang hat, das ist die Schuld seiner Freunde. (Wessen Wandel gepflegt ist, der bekommt ganz von selbst einen guten Namen.) Darum führt der Edle zu Hause einen rechtschaffenen Wandel und draußen verkehrt er mit würdigen Freunden. Dann wird er sicher in den Ruf eines guten Sohnes kommen.«

Kapitel 22, 3

Politik und Regierung

STAATSREGIERUNG · VI: NACH IHREN FRÜCHTEN

Der Fürst von Schê fragte nach dem Wesen der Regierung. Der Meister sprach: »Wenn die Nahen erfreut werden und die Fernen herankommen.«

Buch XIII · 16

IRRLEHREN

Irrlehren anzugreifen, das schadet nur.

Buch II · 16

WESEN UND SCHEIN

Wer durch Ausübung der Moral seinen Staat regiert, was für Schwierigkeiten könnte der haben? Wer aber nicht durch Ausübung der Moral den Staat regiert, was nützt dem die Moral?

Buch IV · 13

DAS SCHWANENLIED

Meister Dsong war krank. Da kam der Freiherr Mong Ging und fragte nach seinem Befinden. Meister Dsong redete und sprach also: »Wenn der Vogel am Sterben ist, so ist sein Gesang klagend; wenn der Mensch am Sterben ist, so sind seine Reden gut. Drei Grundsätze sind es, die ein Fürst hochhalten muß: In seinem Benehmen und allen Bewegungen halte er sich fern von Rohheit und Nachlässigkeit, er ordne seinen Gesichtsausdruck, daß er Vertrauen einflößt, er bemühe sich, bei all seinen Reden sich fernzuhalten von Gemeinheit und Unschicklichkeit. Was dagegen die Opfergefäße und derartige spezielle Fachkenntnisse anlangt, so gibt es dafür berufene Beamte.«

Buch VIII · 4

CHARAKTERBILDUNG IM VERHÄLTNIS ZUR WELT

1. Aufrichtig und wahrhaft, bis zum Tode treu auf dem richtigen Weg. 2. ein gefährdetes Land nicht betreten, in einem aufständischen Land nicht bleiben: wenn auf Erden Ordnung herrscht, dann sichtbar werden, wenn Unordnung herrscht, verborgen sein. 3. Wenn in einem Lande Ordnung herrscht, so ist Armut und Niedrigkeit eine Schande, wenn in einem Lande Unordnung herrscht, dann ist Reichtum und Ansehen eine Schande.

Buch VIII · 13

THEORIE UND PRAXIS

Wenn einer alle dreihundert Stücke des Liederbuches auswendig hersagen kann, und er versteht es nicht, mit der Regierung beauftragt, seinen Posten auszufüllen oder kann nicht selbständig antworten, wenn er als Gesandter ins Ausland geschickt wird: wozu ist einem solchen Menschen alle seine viele Gelehrsamkeit nütze?

Buch XIII · 5

STAATSREGIERUNG · VII: DAUERNDER ERFOLG

Dsï Hia war Beamter von Gü Fu und fragte nach der rechten Art der Regierung. Der Meister sprach: »Man darf keine raschen Erfolge wünschen und darf nicht auf kleine Vorteile sehen. Wenn man rasche Erfolge wünscht, so erreicht man nichts Gründliches; wenn man auf kleine Vorteile aus ist, so bringt man kein großes Werk zustande.«

Buch XIII · 17

SELBSTBEHERRSCHUNG · DIE GRUNDLAGE DER REGIERUNG

Wer sich selbst regiert, was sollte der für Schwierigkeiten haben, bei der Regierung tätig zu sein? Wer sich selbst nicht regieren kann, was geht den das Regieren von andern an?

Buch XIII · 13

MANGEL DER ERZIEHUNG RÄCHT SICH IM KRIEG

Ein Volk ohne Erziehung in den Krieg führen, das heißt, es dem Untergang weihen.

Buch XIII · 30

GEGEN KAMARILLAWIRTSCHAFT

Wer nicht das Amt hat, der kümmere sich nicht um die Regierung.

Buch XIV · 27

KEINEN VORTRITT

Die Sittlichkeit ist jedes Menschen Pflicht. Hier darf man sogar dem Lehrer nicht den Vortritt lassen.

Buch XV · 35

AMT UND STUDIUM

Der Beamte, der Zeit übrig hat, möge lernen. Der Lernende, der Zeit übrig hat, möge ein Amt antreten.

Buch XIX · 13

DER RECHTE HERRSCHER

Dsï Dschan befragte den Meister Kung und sprach: »Wie muß man handeln, damit man imstande sei, gut zu regieren?« Der Meister sprach: »Achte die fünf schönen Eigenschaften hoch und beseitige die vier üblen, dann bist du imstande, gut zu regieren.« Dsï Dschang fragte: »Welche Eigenschaften heißen die fünf schönen?« Der Meister sprach: »Der Herrscher ist gnädig, ohne Aufwand zu machen; er bemüht das Volk, ohne daß es murrt; er begehrt, ohne gierig zu sein; er ist erhaben, ohne hochmütig zu sein; er ist Ehrfurcht gebietend, ohne heftig zu sein.«

Dsï Dschang fragte: »Was heißt das, gnädig zu sein, ohne Aufwand zu machen?« Der Meister sprach: »Wenn man die natürlichen Quellen des Reichtums der Untertanen benützt, um sie zu bereichern: ist das denn nicht Gnade ohne Aufwand? Wenn man vorsichtig auswählt, womit man das Volk gerechterweise bemühen darf, und es dann entsprechend bemüht: wer wird da murren? Wenn man Sittlichkeit begehrt und Sittlichkeit erreicht, wie wäre das gierig? Wenn der Herrscher ohne Rücksicht, ob er es mit vielen oder wenigen, ohne Rücksicht, ob er es mit Großen oder Kleinen zu tun hat, nicht wagt, die Menschen geringschätzig zu behandeln: ist das denn nicht erhaben, ohne hochmütig zu sein? Wenn der Herrscher seine Kleidung und Kopfbedeckung ordnet, auf seine Mienen und Blicke achtet, daß er seine Hoheit zeigt, so daß die Menschen, die ihn sehen, sich scheuen: ist das denn nicht Ehrfurcht gebietend, ohne heftig zu sein?«

Dsï Dschang sprach: »Welche Eigenschaften heißen die vier üblen?« Der Meister sprach: »Ohne vorherige Belehrung zu töten: das heißt Grausamkeit; ohne vorherige Warnung die auferlegten Arbeiten fertig sehen zu wollen: das heißt Gewalttätigkeit; nachlässige Befehle erteilen und doch auf Einhaltung der Zeit bei der Ausführung zu dringen: das heißt Unrecht; und schließlich: wenn man Belohnungen an verdiente Leute gewährt, bei ihrer Verteilung zu geizen: das heißt Kleinlichkeit.«

Buch XX · 2

Dsï Gung war Amtmann von Sin Yang geworden. Als er von Meister Kung Abschied nahm, sprach dieser: »Sei eifrig, sei vorsichtig, halte Dich an die Zeiten des Himmels. Verdränge niemand, fordere niemand heraus, sei nicht grausam, stiehl nicht.«

Dsï Gung sprach: »Ich habe doch seit meiner Jugend Euch gedient, Meister, wie sollte ich da in Gefahr kommen zu stehlen?«

Meister Kung sprach: »Du mißverstehst mich. Wenn man einen tüchtigen Mann durch einen anderen tüchtigen ersetzt, das nennt man verdrängen. Wenn man durch einen Untüchtigen einen Tüchtigen ersetzt, das nennt man Herausfordern. Wenn man lässig ist im Befehlen und schnell im Strafen, das nennt man Grausamkeit. Wenn man anderer Leute Gutes sich selber zuschreibt, das nennt man Diebstahl. Mit Diebstahl meine ich nicht Entwenden von Geld und Gut. Ich habe gehört: Wer es versteht, Beamter zu sein, der hält das Recht hoch und nützt dadurch dem Volk. Wer es nicht versteht, Beamter zu sein, der beugt das Recht und vergewaltigt das Volk. Daraus entsteht dann der Groll. Im Umgang mit untergebenen Beamten kommt es vor allem auf Unparteilichkeit an, in Geldsachen vor allem auf Uneigennützigkeit. Unparteilichkeit und Uneigennützigkeit muß man unverbrüchlich festhalten. Wer anderer Gutes verheimlicht, der ist ein Verdunkler der Weisen, wer anderer Schlechtes bekannt macht, der ist ein gemeiner Mensch. Ohne im Stillen einen andern ermahnt zu haben, ihn nach außen hin bloßstellen, das heißt den Frieden und die Eintracht untergraben. Rede von andrer Leute Gutem, als sei es dein eignes, rede von anderer Leute Schlechtem, als beträfe es dich selbst. So ist der Edle in allen Stücken behutsam.«

Kapitel 14, 8

TOREN UND WEISE

Begabung, verbunden mit freiwilliger Beschränkung, wird stets Werke schaffen. Tapferkeit, verbunden mit Bereitwilligkeit zu fragen, wird stets siegen. Weisheit, verbunden mit der Bereitwilligkeit, mit andern zu Rate zu gehen, wird stets ihr Ziel erreichen. Der Tor aber tut von allem das Gegenteil. Darum wenn man nicht den rechten Mann vor sich hat und gibt ihm guten Rat, so hört er nicht darauf, wie die Pflanzen nicht wachsen, wenn sie nicht in das rechte Land gepflanzt werden. Wenn man den rechten Mann findet, so ist es, wie wenn man einen Haufen Sand bewässert. Findet man aber nicht den rechten Mann, so ist es als wollte man einer Versammlung von Tauben etwas vorpauken. Wenn ein Tor an wichtiger Stelle steht, so ist es ihm nur darum zu tun, sich bei seinen Vorgesetzten wohl daran zu machen, und wenn ihm ein besonderes Amt anvertraut ist, so beneidet er nur die Tüchtigeren. Wenn so einer aber auf hoher Stelle in Gefahr ist, so ist er in Gefahr, und wenn er ein wichtiges Amt hat, kann man darauf warten, ihn stürzen zu sehen.

Kapitel 15, 19

In Dscheng gab es Landschulen. Die Lehrer dieser Schulen kritisierten die regierenden Kreise. Dsung Ming wollte darauf die Landschulen abschaffen. Aber Kanzler Dsï Tschan sprach: »Warum sie abschaffen? Wenn die Leute morgens und abends in ihrer freien Zeit zusammenkommen, um über die Vorzüge und Fehler der Regierenden zu sprechen, so brauchen wir einfach das, was sie für gut befinden auszuführen, und das, was sie tadeln, zu bessern. Wieso soll man diese Schulen abschaffen? Ich habe gehört, daß man durch Gewissenhaftigkeit und Tüchtigkeit der Mißstimmungen Herr werden soll, aber nicht, daß man durch Einschüchterung die Mißstimmung eindämmen soll. Wenn man die Mißstimmung eindämmt, das ist, wie wenn man Wasser eindämmt. Bricht es durch und es gibt eine Überschwemmung, so kommen notwendig viele Menschen zu Schaden, und ich kann sie nicht retten. Da ist es besser, einen kleinen Abfluß zu lassen und es abzuleiten. So ist es auch besser, wenn ich das, was ich höre, abstelle.«

Meister Kung hörte diese Worte und sprach: »Ziehe ich diese Worte in Betracht, so glaube ich es einfach nicht, wenn jemand sagt, Dsï Tschan sei nicht gütig.«

Kapitel 41, 10

Herzog Ai fragte den Meister Kung: »Ich möchte imstande sein, mein Land, obwohl gering, zu verteidigen, und wenn es groß ist, andre anzugreifen. Worauf kommt es dabei an?«

Meister Kung erwiderte: »Wenn der Fürst und sein Hof der Sitte entsprechen, wenn Oben und Unten in Eintracht leben, dann ist alles Volk auf Erden Euer Volk; wen braucht Ihr dann noch anzugreifen? Wenn Ihr diesem Grundsatz aber entgegenhandelt, dann empört sich das Volk, als ginge es nach Hause, alle sind Eure Feinde: Auf wen wollt Ihr Euch da noch stützen zur Verteidigung?«

Der Herzog sprach: »Trefflich!« Daraufhin hob er die Jagd- und Fischverbote auf und schaffte die Zölle und Marktabgaben ab, um dem Volk Güte zu zeigen.

Kapitel 7, 4

Lernen und Denken

Der Meister sprach: »Lernen und nicht denken ist nichtig. Denken und nicht lernen ist ermüdend.«

Buch II · 15

WER IST GEBILDET?

Wer die Würdigen würdigt, so daß er sein Betragen ändert, wer Vater und Mutter dient, so daß er dabei seine ganze Kraft aufbietet, wer dem Fürsten dient, so daß er seine Person drangibt, wer im Verkehr mit Freunden so redet, daß er zu seinem Wort steht: Wenn es von einem solchen heißt, er habe noch keine Bildung, so glaube ich doch fest, daß er Bildung hat.

Buch I · 7

WONACH DER PHILOSOPH TRACHTET

Ein Edler, der beim Essen nicht nach Sättigung fragt, beim Wohnen nicht nach Bequemlichkeit fragt, eifrig im Tun und vorsichtig im Reden ist, sich denen, die Grundsätze haben, naht, um sich zu bessern: der kann ein das Lernen Liebender genannt werden.

Buch I · 14

EIN GUTER LEHRER

Der Meister sprach: »Das Alte üben und das Neue kennen: dann kann man als Lehrer gelten.«

Buch II · 11

KEINE UNREINEN GEDANKEN

Des Liederbuchs dreihundert Stücke sind in dem einen Wort befaßt: Denke nichts Arges!

Buch II · 2

DAS WISSEN

Der Meister sprach: »Yu, soll ich dich das Wissen lehren? Was man weiß, als Wissen gelten lassen, was man nicht weiß, als Nichtwissen gelten lassen: das ist Wissen.«

Buch II · 17

DAS BESTE IN DER WELT

In der Frühe die Wahrheit vernehmen und des Abends sterben: das ist nicht schlimm.

Buch IV · 8

ÜBERLEGUNGEN

Von Gi, dem »Weisen«, hieß es, daß er alles erst dreimal überlege, ehe er sich zum Handeln entschließe. Der Meister hörte davon und sprach: »Wenn er auch nur zweimal sich die Sachen überlegte, so ist es schon gut.«

Buch V · 19

BESCHEIDENHEIT DES MEISTERS

Der Meister sprach: »In einem Dorf von zehn Familien gibt es sicher Leute, die an Gewissenhaftigkeit und Wahrhaftigkeit mir gleich sind; warum sollten sie nicht auch in der Liebe zum Lernen mir gleich sein?«

Buch V · 27

NICHT HINTERM OFEN SITZEN

Ein Gebildeter, der es liebt, zu Hause zu bleiben, ist nicht wert, für einen Gebildeten zu gelten.

Buch IVX · 3

DAS TOR DES LEBENS

Wer kann hinausgehen, es sei denn durch die Tür; warum wandeln die Menschen nicht auf diesem Pfad?

Buch VI · 15

ZEICHEN DES BILDUNGSSTREBENS

Der Fürst Ai fragte, wer unter den Jüngern das Lernen liebe. Meister Kung entgegnete und sprach: »Da war Yen Hui: er liebte das Lernen. Er übertrug nie seinen Ärger, er machte keinen Fehler zum zweitenmal. Zum Unglück war seine Zeit kurz und er ist gestorben. Nun habe ich keinen mehr wie ihn. Ich habe von keinem mehr gehört, der so das Lernen liebte.«

Buch VI · 2

STUFEN DER INTELLEKTUELLEN BILDUNG

Der Wissende ist noch nicht so weit wie der Forschende, der Forschende ist noch nicht so weit wie der heiter Erkennende.

Buch VI · 18

SELBSTERZIEHUNG

Ein Edler, der eine umfassende Kenntnis der Literatur besitzt und sich nach den Regeln der Moral richtet, mag es wohl erreichen, Fehltritte zu vermeiden.

Buch VI · 25

DER GEIST DER WISSENSCHAFT

Schweigen und so erkennen, forschen und nicht überdrüssig werden, die Menschen belehren und nicht ermüden: was kann ich dazu tun?

Buch VII · 2

BETRÜBNIS ÜBER DIE UNVOLLKOMMENHEIT DES MENSCHEN

Daß Anlagen nicht gepflegt werden, daß Gelerntes nicht besprochen wird, daß man seine Pflicht kennt und nicht davon angezogen wird, daß man Ungutes an sich hat und nicht imstande ist, es zu bessern: das sind Dinge, die mir Schmerz machen.

Buch VII · 3

VIERFACHER WEG DER BILDUNG

Sich das Ziel setzen im Pfad, sich klammern an die guten Naturanlagen, sich stützen auf die Sittlichkeit, sich vertraut machen mit der Kunst.

Buch VII · 6

VERSCHIEDENER ZWECK DER KENNTNISSE

Die Lernenden des Altertums taten es um ihrer selbst willen, die Lernenden von heute um der Menschen willen.

Buch XIV · 25

DIE QUELLE VON DES MEISTERS WISSEN

Ich bin nicht geboren mit der Kenntnis der Wahrheit; ich liebe das Altertum und bin ernst im Streben nach ihr.

Buch VII · 19

UNTERRICHT IN DEN ELEMENTEN

Der Meister lehrte vier Gegenstände: die Kunst, den Wandel, die Gewissenhaftigkeit, die Treue.

Buch VII · 24

ERST WÄGEN, DANN WAGEN

Es mag auch Menschen geben, die, ohne das Wissen zu besitzen, sich betätigen. Ich bin nicht von der Art. Vieles hören, das Gute davon auswählen und ihm folgen, vieles sehen und es sich merken: das ist wenigstens die zweite Stufe der Weisheit.

Buch VII · 27

DEMUT

Meister Dsong sprach: »Begabt sein und doch noch von Unbegabten lernen; viel haben und doch noch von solchen lernen, die wenig haben; haben als hätte man nicht, voll sein als wäre man leer; beleidigt werden und nicht streiten: einst hatte ich einen Freund, der in allen Dingen so handelte.«

Buch VIII · 5

DIE SCHWERE LAST UND DER WEITE WEG

Ein Lernender kann nicht sein ohne großes Herz und starken Willen; denn seine Last ist schwer, sein Weg ist weit. Die Sittlichkeit, die ist seine Last: ist sie nicht schwer? Im Tode erst ist er am Ziel: ist das nicht weit?

Buch VIII · 7

HÄUFIGKEIT DES BROTSTUDIUMS

Drei Jahre lernen, ohne nach Brot zu gehen, das ist nicht leicht zu erreichen.

Buch VIII · 12

DAS GEHEIMNIS DES LERNENS

Lerne, als hättest du's nicht erreicht, und dennoch fürchtend, es zu verlieren.

Buch VIII · 17

TALENT UND GENIE

Dsï Dschang fragte nach dem Pfad des »guten Menschen«. Der Meister sprach: »Er wandelt nicht in den Spuren anderer, hat auch nicht die inneren Gemächer betreten.«

Dsï Dschang fragte nach dem Wesen des Talentes im Unterschied zum Genie. Der Meister sprach: »Wer Talent hat, kann selbst etwas produzieren. Aber trotz dieser über den Durchschnitt hervorragenden Begabung trennt ihn doch noch ein weiter Abstand von dem Kreise der inneren Berufenen, die intuitiv die Wahrheit erkennen wie die heiligen Könige des Altertums, da ihm der Zusammenhang mit der Tradition und der Kulturüberlieferung fehlt.«

Buch XI · 19

DER JUNGE AUS KÜO

Ein Junge aus der Gegend von Küo war bei dem Meister angestellt, um Gäste zu melden. Es erkundigte sich jemand über ihn und sprach: »Macht er Fortschritte?« Der Meister sprach: »Ich sehe, daß er sich immer auf den Platz eines Erwachsenen setzt, ich sehe, daß er älteren Personen nicht den Vortritt läßt: er strebt nicht danach, Fortschritte zu machen, er will es rasch zu etwas bringen.«

Buch XIV · 47

DIE SUMME DES WISSENS

Der Meister sprach: »Sï, du hältst mich wohl für einen, der vieles gelernt hat und es auswendig kann?« Sï erwiderte und sprach: »Ja, ist es nicht so?« Der Meister sprach: »Es ist nicht so; ich habe Eines, um alles zu durchdringen.«

Buch XV · 2

WICHTIGKEIT DES EIGENEN DENKENS

Wer nicht spricht: Wie kann ich das machen? Wie kann ich das machen? – mit dem kann ich nichts machen.

Buch XV · 15

VIER KLASSEN DES WISSENS

Bei der Geburt schon Wissen zu haben, das ist die höchste Stufe. Durch Lernen Wissen zu erwerben, das ist die nächste Stufe. Schwierigkeiten haben und doch zu lernen, das ist die übernächste Stufe. Schwierigkeiten haben und nicht lernen: das ist die unterste Stufe.

Buch XVI · 9

JENSEITS DER STANDESUNTERSCHIEDE

Beim Lehren gibt es keine Standesunterschiede.

Buch XV · 38

DIE SECHS WORTE UND SECHS VERDUNKELUNGEN

Der Meister sprach: »Yu, hast du die sechs Worte und die sechs Verdunkelungen gehört?« Dsï Lu erwiderte und sprach: »Noch nicht.« Der Meister sprach: »Setze dich, ich werde sie dir sagen: Sittlichkeit lieben, ohne das Lernen zu lieben: diese Verdunkelung führt zur Torheit; Weisheit lieben, ohne das Lernen zu lieben: diese Verdunkelung führt zu Ziellosigkeit; Wahrhaftigkeit lieben, ohne das Lernen zu lieben: diese Verdunkelung führt zu Beschädigung; die Geradheit lieben, ohne das Lernen zu lieben: diese Verdunkelung führt zu Unterordnung; die Festigkeit lieben, ohne das Lernen zu lieben: diese Verdunkelung führt zu Sonderlichkeit.«

Buch XVII · 8

MANGELNDER FORTSCHRITT

Sein geistiges Wesen festhalten, ohne es zu erweitern, die Wahrheit glauben, ohne zuverlässig zu sein: kann ein solcher als einer gelten, der die Wahrheit hat, oder kann er als einer gelten, der sie nicht hat?

Buch XIX · 2

GEFAHR DES DILETTANTISMUS

Auch die kleinen Liebhaberkünste haben sicher etwas, das sich sehen läßt. Aber wenn man sie zu weit treibt, ist Verwirrung zu befürchten.

Buch XIX · 4

DER RECHTE PHILOSOPH

Wer täglich weiß, was ihm noch fehlt, und monatlich nicht vergißt, was er kann, der kann ein das Lernen Liebender genannt werden.

Buch XIX · 5

BILDUNG UND SITTLICHKEIT

Ausgebreitete Kenntnisse erwerben und fest aufs Ziel gerichtet sein, ernstlich fragen und vom Nahen aus denken: Sittlichkeit liegt darin.

Buch XIX · 6

DAS GLEICHNIS VON DEN HANDWERKERN

Die hundert Handwerker bleiben in ihren Werkstätten, um ihre Arbeit zu vollenden; der Edle lernt, um seine Wahrheit zu erreichen.

Buch XIX · 7

DER WERT DER BILDUNG

Mit einem den ganzen Tag zusammen sein, ohne dessen Überdruß zu erregen, das kann nur der Gebildete. An seinem Äußeren und seiner Gestalt ist nichts Besonderes zu sehen, sein Mut und seine Kraft sind nicht besonders zu fürchten. Über seine Ahnen ist nichts Besonderes zu sagen, von seinem Geschlecht ist nichts Besonderes zu erwähnen, und schließlich macht er sich doch einen großen Namen, daß er allenthalben berühmt ist und auch von der Nachwelt noch genannt wird; das alles ist der Erfolg der Bildung. Darum darf der Edle die Bildung nicht vernachlässigen, er darf nicht versäumen, auch sein Äußeres zu pflegen. Pflegt er sein Äußeres nicht, so findet er keine Gesellschaft. Hat er keine Gesellschaft, verliert er die Liebe. Verliert er die Liebe, so ist er auch nicht mehr loyal. Ist er nicht loyal, so versäumt er auch die Sitte, so kann man nicht mehr sicher auftreten. Von Ferne schon macht einen guten Eindruck ein gepflegtes Äußeres, und was bei näherem Umgange immer mehr gewinnt, das ist die Bildung. Es ist wie mit einem gegrabenen Teich, in dem sich Regenwasser sammelt; wenn erst Schilf und Binsen darin wachsen, wer sieht ihm dann, wenn er ihn betrachtet, noch an, daß er keine Quelle ist?«

Kapitel 8, 11

Der Meister

STUFEN DER ENTWICKLUNG DES MEISTERS

Ich war fünfzehn und mein Wille stand aufs Lernen, mit dreißig stand ich fest, mit vierzig hatte ich keine Zweifel mehr, mit fünfzig war mir das Gesetz des Himmels kund, mit sechzig war mein Ohr aufgetan, mit siebzig konnte ich meines Herzens Wünschen folgen, ohne das Maß zu übertreten.

Buch II · 4

DER MEISTER IM PRIVATLEBEN

Wenn der Meister unbeschäftigt war, so war er heiter und leutselig.

Buch VII · 4

DIE SUMME DER LEHRE

Der Meister sprach: »Nicht wahr, Schen, meine ganze Lehre ruht auf einem Pfeiler.« Meister Dsong sprach: »Ja.« Als der Meister hinaus war, fragten seine Schüler und sprachen: »Was bedeutet das?« Meister Dsong sprach: »Unsres Meisters Lehre ist Treue gegen sich selbst und Gütigkeit gegen andere: damit ist alles gesagt.«

Buch IV · 15

PÄDAGOGISCHE GRUNDSÄTZE · I: BEZAHLUNG

Von denen, die Päckchen Dörrfleisch anbrachten, habe ich noch nie einen von meiner Belehrung ausgeschlossen.

Ich mache bei meinem Unterricht keinen Unterschied zwischen arm und reich. Wenn einer auch nur die allergeringste Gabe darbringt, um dadurch zu zeigen, daß es ihm um die Sache zu tun ist, so ist er mir willkommen.

Buch VII · 7

PÄDAGOGISCHE GRUNDSÄTZE
II: SELBSTTÄTIGKEIT DES SCHÜLERS

Wer nicht strebend sich bemüht, dem helfe ich nicht voran, wer nicht nach Ausdruck ringt, dem eröffne ich ihn nicht. Wenn ich eine Ecke zeige, und er kann es nicht auf die anderen drei übertragen, so wiederhole ich nicht.

Buch VII · 8

DIE RECHTE ART, VON ANDEREN
AUFSCHLUSS ZU ERLANGEN

Dsï Kin fragte den Dsï Gung und sprach: »Wenn der Meister in irgendein Land kommt, so erfährt er sicher seine Regierungsart: Bittet er oder wird ihm, was er wünscht, entgegengebracht?« Dsï Gung sprach: »Der Meister ist milde, einfach, ehrerbietig, mäßig und nachgiebig: dadurch erreicht er es. Des Meisters Art zu bitten: ist sie nicht verschieden von andrer Menschen Art zu bitten?«

Buch I · 10

WEINE MIT DEN WEINENDEN

Der Meister, wenn er an der Seite eines Mannes in Trauer aß, aß sich nicht satt. Wenn der Meister an einem Tag geweint hatte, so sang er am selben Tage nicht.

Buch VII · 9

GELASSENHEIT

Der Meister sagte zu Yen Hui und sprach: Wenn gebraucht, zu wirken, wenn entlassen, sich zu verbergen: nur ich und du verstehen das.«

Dsï Lu sprach: »Wenn der Meister drei Heere zu führen hätte, wen würde er dann mit sich nehmen?«

Der Meister sprach: »Wenn einer mit der bloßen Faust einem Tiger zu Leibe rückt, über den Fluß setzt ohne Boot und den Tod sucht ohne Besinnung: einen solchen würde ich nicht mit mir nehmen, sondern es müßte einer sein, der, wenn er eine Sache unternimmt, besorgt ist, der gerne überlegt und etwas zustande bringt.«

Buch VII · 10

VORSICHT

Die Umstände, bei denen der Meister besondere Vorsicht übte, waren Fasten, Krieg und Krankheit.

Buch VII · 12

DAS ESSEN

Beim Essen verschmähte er es nicht, auf Reinigung des Reises zu halten, beim Hackfleisch verschmähte er es nicht, auf Feinheit zu halten. Reis, der verdorben war und schlecht, Fisch, der alt, und Fleisch, das nicht mehr frisch war, aß er nicht. Was eine schlechte Farbe hatte, aß er nicht. Was einen schlechten Geruch hatte, aß er nicht. Was nicht der Zeit entsprach, aß er nicht. Was nicht richtig geschlachtet war oder nicht die richtige Sauce hatte, aß er nicht. Wenn das Fleisch auch viel war, ließ er es nicht den Geschmack des Reises verdecken. Nur im Weintrinken legte er sich keine Beschränkung auf, doch ließ er sich nicht von ihm verwirren. Gekauften Wein und Dörrfleisch vom Markt genoß er nicht. Er hatte stets Ingwer beim Essen. Er aß nicht viel. Wenn er beim fürstlichen Opfer anwesend war, behielt er den ihm zugewiesenen Anteil an Fleisch nicht über Nacht. Opferfleisch ließ er nicht länger als drei Tage liegen. Was über drei Tage alt war, das wurde nicht gegessen. Beim Essen diskutierte er nicht. Im Bett redete er nicht. Wenn er auch nur einfachen Reis und Gemüsesuppe und Gurken hatte, so brachte er doch ehrfurchtsvoll ein Speiseopfer dar.

Buch X · 8

DAS GLÜCK, EINE ZIEHENDE WOLKE

Gewöhnliche Speise zur Nahrung, Wasser als Trank und den gebogenen Arm als Kissen: auch dabei kann man fröhlich sein; aber ungerechter Reichtum und Ehren dazu sind für mich nur flüchtige Wolken.

Buch VII · 15

THEMEN DER LEHRE

Was der Meister mit besonderer Sorgfalt besprach, waren die Lieder, die Geschichte, das Halten der Riten. Das alles besprach er mit Sorgfalt.

Buch VII · 17

WER IST KUNG?

Der Fürst von Schê befragte den Dsï Lu über Kung Dsï. Dsï Lu gab ihm keine Antwort. Der Meister sagte nachher: »Warum hast du nicht einfach gesagt: Er ist ein Mensch, der in seinem Eifer das Essen vergißt und in seiner Freude alle Trauer vergißt und nicht merkt, wie das Alter herankommt.«

Buch VII · 18

SCHWEIGENDES VORÜBERGEHEN

Der Meister sprach niemals über Zauberkräfte und widernatürliche Dämonen.

Buch VII · 20

FISCHFANG UND JAGD

Der Meister fing Fische mit der Angel, aber nie mit dem Netz; er schoß Vögel, aber nie, wenn sie im Neste saßen.

Buch VII · 26

GESANG UND BEGLEITUNG

Wenn der Meister mit einem Mann zusammen war, der sang und es gut machte, so ließ er ihn sicher wiederholen und sang das zweite Mal selber mit.

Buch VII · 31

DES MEISTERS CHARAKTER

Der Meister war in seinem Wesen mild und doch würdevoll. Er war Ehrfurcht gebietend und doch nicht heftig. Er war ehrerbietig und doch selbstbewußt.

Buch VII · 37

GENIE UND TALENTE · I: DER MANN AUS DA HIANG

Ein Mann aus der Gegend von Da Hiang sprach: »Meister Kung ist gewiß ein großer Mann und hat ausgebreitete Kenntnisse, aber er hat nichts Besonderes getan, das seinen Namen berühmt machen würde.«

Der Meister hörte das und sprach zu seinen Jüngern also: »Was könnte ich denn für einen Beruf ergreifen? Soll ich das Wagenlenken ergreifen oder soll ich das Bogenschießen ergreifen? Ich denke, ich muß wohl das Wagenlenken ergreifen.«

Buch IX · 2

ESOTERISCHES

Worüber der Meister selten sprach, war: der Lohn, der Wille Gottes, die Sittlichkeit.

Buch IX · 1

EHRFURCHT VOR RANG UND UNGLÜCK

Wenn der Meister jemand in Trauer sah, im Hofgewand oder einen Blinden: so stand er bei ihrem Anblick auf, auch wenn sie jünger waren; mußte er an ihnen vorbei, so tat er es mit raschen Schritten.

Buch IX · 9

NEGATIVE TUGENDEN

Der Meister war frei von vier Dingen: er hatte keine Meinungen, keine Voreingenommenheit, keinen Starrsinn, keine Selbstsucht.

Buch IX · 4

GENIE UND TALENTE · II: DER MINISTER

Der Minister fragte den Dsï Gung und sprach: »Ist euer Meister nicht ein Genie? Wie zahlreich sind seine Talente!« Dsï Gung sprach: »In der Tat, wenn ihm der Himmel Gelegenheit gibt, wird er sich als Genie beweisen; außerdem hat er viele Talente.«

Der Meister hörte es und sprach: »Woher kennt mich denn der Minister? Ich hatte eine harte Jugend durchzumachen, deshalb erwarb ich mir mancherlei Talente. Aber das sind Nebensachen. Kommt es denn darauf an, daß der Edle in vielen Dingen Bescheid weiß? Nein, es kommt gar nicht auf das Vielerlei an.«

Lau sprach: »Der Meister pflegte zu sagen: ›Ich habe kein Amt; deshalb kann ich mich mit der Kunst beschäftigen.‹«

Buch IX,6

KUNGS REDEWEISE ZU HAUS UND BEI HOFE

Meister Kung war in seinem Heimatorte in seinem Wesen voll anspruchsloser Einfachheit, als könnte er nicht reden. Im Tempel und bei Hofe dagegen sprach er fließend, aber mit Überlegung.

Buch X · 1

KEINE UNORDNUNG

War die Matte nicht gerade, so setzte er sich nicht.

Buch X · 9

DER STALLBRAND

Einst brannte sein Stall. Der Meister kam von Hofe zurück und fragte: »Ist auch nicht etwa ein Mensch verletzt?« Er fragte nicht nach dem Verlust an Pferden.

Buch X · 12

VERHÄLTNIS ZU FREUNDEN

Wenn ein Freund gestorben war, der keine Angehörigen hatte, so sprach er: »Überlaßt es mir, ihn zu begraben.«

Wenn ein Freund ihm etwas schenkte, und waren es selbst Pferde und Wagen: wenn es nicht Opferfleisch war, so machte er keine Verbeugung.

Buch X · 15

DES MEISTERS TRÄNEN UM YEN HUI

Als Yen Hui starb, brach der Meister in heftiges Weinen aus. Die Schüler in seiner Umgebung sagten: »Der Meister ist zu heftig.« Der Meister sprach: »Klage ich zu heftig? Wenn ich um diesen Mann nicht bitterlich weine, um wen sollte ich es dann tun?«

Buch XI · 9

DES MEISTERS VERHÄLTNIS ZU SEINEM SOHN

Tschen Kang fragte den Be Yü und sprach: »Hast du als Sohn des Meisters auch noch Außergewöhnliches von ihm zu hören bekommen?« Er entgegnete und sprach: »Noch nie. Einmal stand er allein da, als ich ehrerbietig mit kleinen Schritten an der Halle vorübereilte. Da sprach er: ›Hast du die Lieder gelernt?‹ Ich erwiderte und sprach: ›Noch nicht.‹ Da sprach er: ›Wenn man die Lieder nicht lernt, so hat man nichts zu reden.‹ Da zog ich mich zurück und lernte die Lieder. An einem anderen Tag stand er wieder allein da, als ich mit kleinen Schritten an der Halle vorübereilte. Da sprach er: ›Hast du die Riten gelernt?‹ Ich erwiderte und sprach: ›Noch nicht.‹ Da sprach er: ›Wenn man die Riten nicht lernt, hat man nichts zur inneren Festigung.‹ Da zog ich mich zurück und lernte die Riten. Was ich gehört habe, sind diese beiden Belehrungen.« Tschen Kang zog sich zurück und sprach erfreut: »Ich habe nach Einem gefragt und habe dreierlei bekommen. Ich habe über die Lieder etwas gehört, ich habe über die Riten etwas gehört; außerdem habe ich gehört, daß der Edle seinen Sohn in ehrerbietiger Entfernung hält.«

Buch XVI · 13

KUNGS FREUNDE ÜBER SEINEN ERFOLG

Meister Kung war oberster Richter in Lu und versah gleichzeitig das Amt des Kanzlers. Da er sich darüber erfreut zeigte, fragte ihn Dschung Yu und sprach: »Ich habe gehört, daß der Edle im Unglück nicht zagt, im Glücke nicht jubelt. Wie kommt es, daß Ihr euch so freut, daß Ihr eine einflußreiche Stellung bekommen habt, Meister?«

Meister Kung sprach: »Wohl heißt es so, aber heißt es nicht auch: ›Man soll sich freuen, wenn man in hoher Stellung andern dienen kann?‹«

Kapitel 2, 1

ZU DIESER AUSGABE

Bei der Auswahl der Texte wurden folgende Ausgaben verwendet:

Kungfutse, *Gespräche (Lun Yü)*, aus dem Chinesischen verdeutscht und erläutert von Richard Wilhelm, Eugen Diederichs, Jena 1914

Kungfutse, *Schulgespräche (Giä Yü)*, verdeutscht und erläutert von Richard Wilhelm, hrsg. von Hellmut Wilhelm, Diederichs, Düsseldorf, Köln 1961

Richard Wilhelm, *Kung-Tse. Leben und Werk*, Stuttgart 1925

Die von Richard Wilhelm verfaßten Überschriften wurden beibehalten. Die kleingedruckten Erläuterungen im Anschluß an einige Aussprüche stammen ebenfalls von Richard Wilhelm.

Unter jedem Zitat findet sich eine genaue Stellenangabe, wobei sich die Angabe »Buch« stets auf Zitate aus dem *Lun Yü* bezieht, während die Angabe eines »Kapitels« auf die *Schulgespräche* (*Gia Yü*) hinweist. Also beispielsweise:

Buch I, 1 bedeutet Lun Yü, Buch I, erster Spruch

wohingegen

Kapitel 1, 4 auf den 4. Abschnitt im ersten Kapitel der *Schulgespräche* verweist.

Nach der heute gültigen Pinyin-Umschrift ergeben sich folgende Änderungen gegenüber der von Richard Wilhelm gebrauchten Umschrift. Links stehend die von Wilhelm verwendete Schreibweise, rechts die heute übliche:

Kungfutse/Kungtse = Kongzi
Lun Yü = Lunyu (Gespräche)
Gia Yü = Jiayu (Schulgespräche)

Philosophie
im insel taschenbuch
Eine Auswahl

Augustinus. Bekenntnisse. it 1002. 1046 Seiten.

Augustinus. Bekenntnisse. Mit einem Vorwort von Ernst Ludwig Grasmück. Übersetzt von Joseph Bernhart. it 3042. 445 Seiten

Augustinus. Liebe fürchtet nichts. Ausgewählt und mit einem Nachwort von Michael Schroeder. it 3393. 119 Seiten

Ernst Bloch. Ins Gelingen verliebt. Aphorismen und Lebensweisheiten. Ausgewählt vonKarlheinz Weigand. Eingeleitet von Klaus Kufeld. Mit farbigen Illustrationen von F. W. Bernstein. it 2702. 95 Seiten

Boethius. Trost der Philosophie. Zweisprachige Ausgabe. Übersetzt von Ernst Neitzke. Mit einem Vorwort von Ernst Ludwig Grasmück. it 1215. 344 Seiten

Epiktet. Wege zum glücklichen Handeln. Übersetzt von Wilhelm Capelle. it 1458. 221 Seiten. it 3427. ca 80 Seiten

Epikur. Philosophie der Freude. Hauptlehrsätze. Spruchsammlung. Fragmente. Übertragen und mit einem Nachwort versehen von Paul M. Laskowsky. it 2390. 131 Seiten. it 1057. 121 Seiten

Balthasar Gracian. Handorakel. Herausgegeben von Otto von Taube. Übersetzt von Arthur Schopenhauer. it 3426. ca. 130 Seiten

Denken mit Kant. Ein philosophisches Lesebuch. Herausgegeben von Wilhelm Weischedel. it 2991. 234 Seiten

NF 43/1/2.09

Kant für Gestreßte. Ausgewählt von Ursula Michels-Wenz. it 2990. 180 Seiten

Kierkegaard für Gestreßte. Ausgewählt von Johan de Mylius. it 2661. 192 Seiten

Konfuzius. Die Weisheit des Konfuzius. Übersetzt und eingeleitet von Hans H. O. Stange. Mit einem Nachwort von Ursula Gräfe. it 2999. 112 Seiten

Konfuzius für Gestreßte. Ausgewählt von Ursula Gräfe. it 2754. 128 Seiten

Georg Christoph Lichtenberg
- Aphorismen. In einer Auswahl. Herausgegeben und mit einem Nachwort versehen von Kurt Batt. it 165. 316 Seiten
- Krokodile im Stadtgraben. Sudelsprüche und Schmierbuchnotizen. Ausgewählt und mit Zeichnungen versehen von Robert Gernhardt. it 2595. 321 Seiten
- Sudelbücher. Herausgegeben von Franz H. Mautner. Mit einem Nachwort, Anmerkungen zum Text, einer Konkodanz der Aphorismen-Nummern und einer Zeittafel. it 792. 683 Seiten

Niccolò Machiavelli
- Discorsi. Über Staat und Politik. Übersetzt von Friedrich von Oppeln-Bronikowski. Herausgegeben von Horst Günther. it 2551. 513 Seiten
- Der Fürst. Übersetzt von Friedrich von Oppeln-Bronikowski. Mit einem Nachwort von Horst Günther. it 1207. 176 Seiten. it 2137, it 2772 und it 3392. 165 Seiten
- Machiavelli für Manager. Sentenzen. Ausgewählt von Luigi und Elena Spagnol. it 1733. 109 Seiten

Marc Aurel. Selbstbetrachtungen. Übersetzt von Otto Kiefer. Mit einem Vorwort von Klaus Sallmann.
it 1374. 202 Seiten. it 2976. 206 Seiten. 3396. 192 Seiten

Michel de Montaigne. Essais. Herausgegeben und mit einem Nachwort versehen von Ralph-Rainer Wuthenow. Revidierte Fassung der Übertragung von Johann Joachim Bode.
it 220 und it 2814. 307 Seiten

Montaigne. Über die Freundschaft. Übersetzt von Hans Staub. it 3395. 167 Seiten

Montaigne für Gestreßte. Ausgewählt von Uwe Schulz.
it 2845. 112 Seiten

Friedrich Nietzsche
- Also sprach Zarathustra. Ein Buch für Alle und Keinen. Thomas Mann: Die Philosophie Nietzsches im Lichte unserer Erfahrung. it 145. 368 Seiten. it 3511. 330 Seiten
- Der Antichrist. Versuch einer Kritik des Christentums. it 947. 126 Seiten
- Briefe. Ausgewählt von Richard Oehler. Mit einem Essay von Ralph-Rainer Wuthenow. it 1546. 412 Seiten
- Ecce homo. Mit einem Vorwort von Raoul Richter und einem Nachwort von Ralph-Rainer Wuthenow. it 2677. 176 Seiten
- Formel meines Glücks. Aus Friedrich Nietzsches Werken und Nachlaß. Herausgegeben von Hans-Joachim Simm. it 2751. 350 Seiten
- Die fröhliche Wissenschaft. Mit einem Nachwort von Ralph-Rainer Wuthenow. it 2678. 320 Seiten
- Die Geburt der Tragödie aus dem Geiste der Musik. Mit einem Nachwort von Peter Sloterdijk. it 2679. 224 Seiten
- Gedichte. Nach den Erstdrucken 1878 bis 1908. Heraus-

gegeben von Ralph Kray und Karl Riha. it 2679. 224 Seiten
- Götzen-Dämmerung oder Wie man mit dem Hammer philosophiert. Herausgegeben von Karl Schlechta. it 822. 123 Seiten. it 2680. 128 Seiten
- Jenseits von Gut und Böse. Mit der Streitschrift ›Zur Genealogie der Moral‹ und einem Nachwort von Ralph-Rainer Wuthenow. it 762. 391 Seiten
- Menschliches, Allzumenschliches. Ein Buch für freie Geister. Mit einem Nachwort von Ralph-Rainer Wuthenow. it 2618. 624 Seiten
- Morgenröte. Gedanken über die moralischen Vorurteile Mit einem Nachwort von Ralph-Rainer Wuthenow. it 678. 319 Seiten
- Nietzsche für Gestreßte. Vorgestellt von Ursula Michels-Wenz. it 1928. 106 Seiten
- Über die Frauen. Herausgegeben und mit einem Nachwort versehen von Klaus Goch. it 1335. 320 Seiten
- Unzeitgemäße Betrachtungen. Mit einem Nachwort von Ralph-Rainer Wuthenow. it 509. 387 Seiten
- Von Wille und Macht. Herausgegeben von Stephan Günzel. Mit einem Geleitwort von Gianni Vattimo. it 2984. 256 Seiten
- Wie man wird, was man ist. Ermutigungen zum kritischen Denken. Herausgegeben von Ursula Michels-Wenz. it 1096. 309 Seiten. it 2683. 320 Seiten
- Zur Genealogie der Moral. Eine Streitschrift. it 1308. 157 Seiten

Friedrich Nietzsche. Leben · Schriften · Zeugnisse. Von Ralph-Rainer Wuthenow. Mit zahlreichen Abbildungen. it 2601. 172 Seiten

NF 43/4/2.09

Friedrich Nietzsche in seinen Werken. Von Lou Andreas-Salomé. Mit Anmerkungen von Thomas Pfeiffer. Herausgegeben von Ernst Pfeiffer. it 2592. 361 Seiten

Francesco Petrarca. Über den geheimen Widerstreit meiner Sorgen. Herausgegeben und mit einem Nachwort versehen von Horst Günther. Übersetzt von Herman Hefele. it 3021. 217 Seiten

Platon für Gestreßte. Ausgewählt von Michael Schroeder. it 2189. 110 Seiten

Platons Mythen. Ausgewählt und eingeleitet von Bernhard Kytzler. it 1978. 224 Seiten

Platon. Das Trinkgelage oder Über den Eros. Übertragung, Nachwort und Erläuterungen von Ute Schmidt-Berger. Mit einer Wirkungsgeschichte von Jochen Schmidt und griechischen Vasenbildern. it 681. 225 Seiten

Plutarch. Die Kunst zu leben. Ausgewählt und übersetzt von Marion Giebel. it 2603. 195 Seiten

Jean-Jacques Rousseau. Bekenntnisse. Übersetzt von Ernst Hardt. Mit einer Einführung von Werner Krauss. it 823. 917 Seiten

Wilhelm Schmid

- Die Kunst der Balance. it 3120. 314 Seiten
- Die Fülle des Lebens. it 3199. 168 Seiten

Arthur Schopenhauer

- Aphorismen zur Lebensweisheit. Vollständige Ausgabe mit Erläuterungen und Übersetzung der fremdsprachigen Zitate. Mit einem Nachwort von Hermann von Braunbehrens. it 223. 272 Seiten. it 2959. Gebundene Sonderausgabe. 256 Seiten

NF 43/5/2.09